四库存目

纳甲汇刊 [七]

火珠林注疏

[宋] 麻衣道者◎撰

刘恒◎疏　郑同◎校

华龄出版社
HUALING PRESS

责任编辑：薛　治

责任印制：李未圻

图书在版编目（CIP）数据

四库存目纳甲汇刊. 7 /（宋）麻衣道者撰；刘恒疏.

—北京：华龄出版社，，2021.3

ISBN 978－7－5169－1833－3

Ⅰ. ①四… Ⅱ. ①麻… ②刘… Ⅲ. ①《四库全书》

—图书目录 Ⅳ. ①Z833

中国版本图书馆 CIP 数据核字（2021）第 001058 号

书　　名：四库存目纳甲汇刊（七）：火珠林注疏

作　　者：（宋）麻衣道者撰　刘恒疏

出版发行：华龄出版社

地　　址：北京市东城区安定门外大街甲 57 号　　邮　　编：100011

电　　话：(010) 58122246　　　　　　　　传　　真：(010) 84049572

网　　址：http://www.hualingpress.com

印　　刷：九洲财鑫印刷有限公司

版　　次：2021 年 5 月第 1 版　2021 年 5 月第 1 次印刷

开　　本：710×1020　1/16　　　　　　印　　张：14

字　　数：145 千字　　　　　　　　　　印　　数：1～6000

定　　价：48.00 元

出版说明

　　《火珠林》《易冒》《易林补遗》《增删卜易》《卜筮正宗》此五本六爻经典，为后学之必备典藏，各有所长，不可偏废。《火珠林》成书年代当在唐末宋初，本次注解《火珠林》选用的底本为清刊本，相传为麻衣道所著。

　　《火珠林》提出了"卦定根源，六亲为主"，继承了京房易的理论，又为后来六爻卜筮的传播打下了坚实的基础，后人称这种筮法为"火珠林"法。在实践中，本人主张用旺相休囚与十二长生定纳甲格局，正五行生克定吉凶，六亲征义以用事，进一步完善了六爻占筮体系，为近代卜筮之开宗明义。

北京易经学院　刘恒

火珠林序

　　《易》以卜筮尚其占，该括万变，神矣妙矣。继自四圣人后，易卜以钱代蓍，法后天八宫卦变以致用，实补前人未备之一端，见《京房易传》，未详始自何人。

　　先贤云"后天八宫卦，变六十四卦，即火珠林法"，则是书当为钱卜所宗仰也，特派衍支分，人争著述，炫奇标异，原旨反晦。今得麻衣道者钞本，反复详究，其论六亲财官辅助，合世应日月飞伏动静，并克害刑合墓旺空冲以定断，与时传易卜，同中有异，古法可参。

　　如所云"卦定根源，六亲为主；爻究旁通，五行而取"，即京君明《海底眼》，不离"元宫五向推"之旨也。又云"惟以财官伏五乡而定吉凶，以世下伏爻为的"，即郭景纯"飞伏神以世爻为准，卦卦宜详审之"之诀也。中间条解详明，圆机独握，盖《易》贵通变，尤贵玄微，是书洁净精微，真易卜之正义也。至神而明之，存乎其人，是在善于学易者。

古歙吴智临序

目　　录

火珠林

麻衣道人著　刘恒疏

一　易中明义

四营成易，八卦为体。

三才变化，六爻为义。

［疏］四营者，春夏秋冬也，即金木水火，土为四季转化之主体，水火者阴阳之征兆也，金木者阴阳之道路也，死生之根本，生杀之本始。古《易》注："易者，节之"；"易者，治也"；"易者，往复也"。易在古代文化为规律与周期之意。

五行为先天之本，含五运六气，八卦为后天应用，涵纳思维八方，以类化万事万物。

三才者，天人地也。天为时间，地为物质，人为万物；天为父，地为母，人为兄弟姐妹；天为无形之六气，地为有形之实质，人为万物终始。

火珠林法，以月建与日建定义卦爻旺弱格局，卦爻正五行作用定吉凶，六爻万物类象以定方向。

［注］书有三而异用，卦皆八以为经。一曰《连山》，二曰《归藏》，三曰《周易》。自秦焚书坑儒，《连山》《归藏》不传于

世矣。又云：一曰治天下，二曰论长生，三曰卜吉凶。夫三才者，天干为上，能占九天之外，日月星辰，风雷云雨阴晴之事；地支为中，能占九地之上，山川草木，人伦吉凶，否泰存亡之事；纳音为下，能占九泉之下，幽冥虚无，六道四生之事。夫乾坤二体，各生三索而为六子，六子配合而成八卦。八卦上下变通，遂成六十四卦。夫易本无八卦，只有乾坤；本无乾坤，只有太易。易者，在天为日月，在地为阴阳，在人为心目。炼其心而心自灵，修其目而目自见，先达人事，后敷卦爻，人事变通，卦爻自晓，吉凶应验，历历不爽矣。

或问：何谓四营成易？

答曰：易有太极，是生两仪，两仪生四象，四象生八卦，所谓四营成易也。

　　[疏] 连山者为艮，归藏者为水，水为先天人，[①] 艮为后天人，[②] 故《连山》与《归藏》本一为玄，水得土制谓之玄；《周易》，易者治也，周者往复。《周易》即后天世界的万物节律与周期；《归藏》为天元，《连山》为地元，而《周易》为人元，此为大三才世界。又云者，一曰《归藏》治天下，人之去处；二曰《连山》论长生，人之肉身与社会；三曰卜吉凶，此即《周易》之用，为后天世界之提纲，总纳有形之生灭节律。

　　夫三才者，天干为天，能占自然之规，日月斗转星移，四时风雷云雨阴晴之规律，统摄万物之性；地支为地，具后天万物之生生变化之规，山川草木之枯荣，物之所由。先天生命源于坎，

---

① 智慧本体。
② 有形色身。

后天肉身源于坤；六亲用事为人，人伦大统，荣辱贵贱，死生得失，否泰存亡，总归与人元六亲。三才纳四象，[①] 四象而生先后天八卦，正所谓四营成易也。水火成后天之坎离，土成后天之艮坤，金成后天之乾兑，木成后天之震巽，以八卦而都摄万物。

天干者为天元，地支者为地元，纳音者为人元用事。纳音人元为后天人类伦理思维与客观社会，能占九泉之下，幽冥虚无众生，六道[②]四生，[③] 这里泛指一切有情生命。乾为后天生灭，坤为后天有形，乾阳极而生坎震艮，坤阴极而生离巽兑，合而为八卦，八卦阴阳和合变化而有六十四卦。观乎易，[④] 本无有八卦，只有乾坤，[⑤] 本无乾坤阴阳，只有太易。[⑥]

易者，在天为日月，[⑦] 在地为阴阳，[⑧] 在人为心目。[⑨] 炼其心者后天学识，修其目者不惑，人生臧否皆在自心；练达人事，洗心练髓，后辅以卦爻明告，人世变通，全在卦爻体现，吉凶得失，自在人心，屡试不爽者，穷极阴阳之道尔。

四营者，年有四季，春木、夏火、秋金、冬水。易之道，全在死生变通。无极生太极，太极生两仪，两仪生四象，四象生八卦。无极者为无形之智慧，太极即阴阳，阴阳之体现在无形时间与有形物质，时间与物质化生后天世界，即金、木、水、火。木

---

① 春夏秋冬，即后天冷热动静之机。
② 地狱道，饿鬼道，畜生道，人道，阿修罗道，天道。
③ 智慧生命化生方式有四：胎生，卵生，湿生，化生。我们世界人为胎生。
④ 易者治也。
⑤ 乾坤指阴阳；
⑥ 太易指智慧本体无形。
⑦ 日阳，月阴。日月者有形无形。
⑧ 动者为阳，静者为阴。这里是死生之体。
⑨ 心目者，无形之心与有形是万物。这里指智慧与后天肉体。

者物之始，金者物之终，水者物之源，火者物之显，与四季者，春木，夏火，秋金，冬水。

［注］又问：纳音为下，能占九泉、六道、四生、虚无等事？

答曰：六十甲子生成，变化而行鬼神，是故天干管天文，地支管人事，纳音管地理。如乾卦初爻甲子动，占天文主风；占人事主子孙、六畜、花木、酒馔、忧喜等事；占地理，主穴中有石之类。如占葬地，得姤之鼎卦，掘地五尺，土中有石，其色大赤，离穴四十步，西南近柳树，当有伏尸，葬出刀伤之人，并主火灾。

［疏］天干为阳，地支为阴，阳在天成象，阴在地成形。阴阳合而生人，天干与地支合而化生人，纳音即为干支合化而来。天干为阳，地支为阴，纳音为人。纳音能占九泉、①六道、②四生③、虚无。④

六十甲子阴阳合而万物生，阴阳变化而成六道，鬼神莫测，是故天干管天文，地支管地理变化，纳音管人事得失。

如乾卦初爻甲子发动，初爻为万物始，占天文主风起；占人事主子孙延续、六畜饲养、花木繁育、酒馔纳取、情志疏泄等事；占地理，主其穴中有金石之类。

又如占葬地的天风姤之火风鼎卦，掘地五尺，⑤土中有石⑥气

---

① 九为阳之至，有六道极限之意。
② 地狱，恶鬼，畜生，人，阿修罗，天人。
③ 胎卵湿化，万物有情。
④ 无形的智慧为虚无。
⑤ 五尺为五行之意。
⑥ 石为土之精。

色为乾金之色为蓝，离穴四十步①西南坤方，柳树为坎卦，当有艮为伏尸，葬出刀伤②之人，并主火灾。③

［注］问曰：如何断之？

答曰：世持辛丑土，伏甲子金，世下伏金，是土中有石也。巽下伏乾，是乾为大赤也，第五爻壬申化己未火，火克本宫为鬼，是伏尸鬼，申化未是西南方也。掘下五尺见石者，土类五也。离穴四十步有伏尸者，壬申金，金数四，加丑未土类五，二五成十，并申金四，是四十步也。出刀伤人者，壬申乃剑锋金也；主火灾者，己未化火，来克辛丑世也。树旁者，己未火鬼，与壬午木合住，壬午乃杨柳木也。

［疏］世爻在初爻为辛丑，卦宫为乾卦，初爻伏藏有甲子海中金，世爻下伏藏之金，是土中有变，坎主金石；巽卦伏藏乾卦，乾卦为色蓝，第五爻乾卦壬申化离卦己未④火，火克本宫乾金，此为伏尸之断；申金化未土皆为西南。掘土五尺见石者，土原五类五行之数；离穴四十步有伏尸者，壬申为剑锋金，重数四故有四十，阴丑未五行属土，河图土数为五，二五所以为十，并申金共四十步。出刀剑伤人者，壬申为剑锋金，金者终结；火灾之应，戊午己未太阳火，辛丑壁上土为坤方；树旁者，己未太阳火，壬午杨柳木。

［注］又请占祟例为式。

答曰：如遁之姤卦，此卦是子孙鬼，一男一女为钗钏珥物等

---

① 巽卦为四。
② 巽为夭亡。
③ 离卦。
④ 戊午、己未太阳火。

事来沈滞，男儿赤，性燥，女儿洁白，性刚；其坟墓现在西北，恐有动犯，告之则吉。

问曰：何以知之？

曰：二爻丙午火是鬼，化辛亥水是子孙，丙午纳音属水，化辛亥又属水，如二乾宫子孙，故曰子孙鬼也；一男丙午，一女辛亥也；火主赤，金主白，火燥金刚，皆以五行之性言之也；为钗钏者，辛亥乃钗钏金也；言坟墓在西北者，火墓在戌，又火绝在亥，亥，西北也；墓有犯者，艮属土，化巽为木，木去克土也。

[疏] 又请占鬼祟例为式子，签曰，占得天山遁变天风姤卦，子孙爻伏藏，伏于二爻官鬼之下，子孙爻为辛亥，[①] 一男为乾卦，乾金主燥；一女为巽卦，巽木主洁白而性格刚直；其坟墓出现在西北乾金之方，恐有动犯，祷告神灵先人则吉。

主卦二爻丙午为官鬼为火，化亥水子孙爻，二爻丙午为天河水，化出亥水。午火为官鬼，亥水为子孙，午火化亥水，故曰子孙官鬼；一男者丙午，一女者辛亥；火者红色，金主白色，火炎上，乾主燥金，此皆以五行之性与五色而言之也；言说坟墓在西北方向，这是因为火长生在寅，帝旺在午，墓于戌，而绝于亥，戌亥皆为西北方位；墓有侵犯者，内卦艮为土，艮化巽木克制，巽又为动，此因动木克制艮土。

---

① 钗钏金。

二 六亲根源

卦定根源，六亲为主。

爻究旁通，五行而取。

［注］根源者，八卦之宫主也。而原有六亲旁通者，六爻之飞象也，而上下相乘。五行者，金水木火土也。而定四时六亲者，主宫也。六爻，父、子、兄弟、妻财、官鬼，定一宫管八卦，七卦皆从一宫出。旁通者，上下宫飞象六爻也。盖本宫在下为伏之六亲，旁宫在上为飞之六亲，如六壬课有天盘、地盘。先看六亲之下，后看六亲之上，所乘得何爻，而辨吉凶存亡也。

［疏］六爻占卜之学以六十四卦为根本，六亲征义定万事方向；又纳甲地支作用定吉凶，五行旺衰以定取舍。

根源者，六十四卦以八宫为根源，八宫之每宫含八卦，共六十四卦。六亲：父母、兄弟、子孙、妻财、官鬼。六亲为万事万物，总类万方。旁通：主卦六亲不现论伏藏爻，伏藏爻为旁通；又以六兽为旁通。六神为天盘，六亲为人盘，纳甲为地盘。六亲为根本，纳甲为环境，六神为旁通。

［注］或问：六亲为主，父母、兄弟、妻财、子孙、官鬼，只有五件，而曰六亲何也？

答曰：卦身当一亲。

问曰：如何为卦身？

曰：阳世则从子月起，阴世还当午月生，此即卦身也。而

《元龟》^① 以月卦言之，所以吉凶不应。问：卦身亦主甚吉凶？曰：如本卦世空，却去看身，岂为无用？

又问：何谓旁通？

曰：本宫之六亲在飞象之下，为之亲爻，为之伏神。旁宫之飞象加伏神之上，为飞象，亲爻世下之爻为伏。知飞伏二爻之来历，然后可与言八卦、六亲矣。

［疏］何为六亲？父母，兄弟，子孙，妻财，官鬼，共有五伦，六爻之六亲体系以卦宫五行为"我"，六亲以"我"为根源，建立二元体系，即我之过去父母，我之当下兄弟官鬼，我之未来子孙，我之环境妻财，此五伦与"我"共同构成六亲；六十四卦皆属八宫，每卦皆有本宫，所以卦卦有伏藏，^② 如主卦六亲全现，则论主卦之六亲，如主卦六亲不全，则论本宫伏藏之六亲。

三 财官辅助

财官异路，可辨五乡。

用有辅助，类可忖^③量。

［疏］异路，异字这里是辨别的意思，路是方向。六亲父母为过去，兄弟为当下，子孙为未来，而财为养命之源，官为存身之本，在占验不同的社会事物，以此为标准进行正确类象并精准措辞。五乡，这里指的是五行^④而六亲辩证关系源于五行，五行

---

① 指《卜筮元龟》，宋代著名卜筮用书。
② 伏者复也，藏者不现。
③ 忖，音 cun，思忖。
④ 金木水火土。

有生克，六亲亦有生克，五行有类属，六亲有类象。

六亲相生：父母生兄弟，兄弟生子孙，子孙生妻财，妻财生官鬼，官鬼生父母。六亲相克：父母克子孙，子孙克官鬼，官鬼克兄弟，兄弟克妻财，妻财克父母。

妻财为后天之本，官鬼为万事之终始，卦用财官以明万事，用官看子，用财看兄。如果财官旺相于月建有力，则官鬼有子孙发动以克制，官鬼爻应吉，反之妻财爻发动相生，则官鬼应凶；妻财爻同理。

[注] 财者，妻财；官者，官鬼。是故至柔者财，至刚者鬼。而有辅体，辅体者，用官鬼以父母辅之，用妻财以子孙辅之；值旺相为有气，休囚为无气，得生扶为吉，克破为凶。

[疏] 春，寅卯木旺，巳午火相，亥子水休，申酉金囚，辰戌丑未土死。夏，巳午火旺，辰戌丑未土相，寅卯木休，亥子水囚，申酉金死。秋，申酉金旺，亥子水相，辰戌丑未土休，巳午火囚，寅卯木死。冬，亥子水旺，寅卯木相，申酉金休，辰戌丑未土囚，巳午火死。妻财为用事之本，官鬼为成事之功。是故妻财为万物之形体，官鬼为万物之生灭。辅体即五行作用，子孙为克官之神，官为用爻弱，喜子孙安静，父母能制化子孙，但父母亦不宜发动，动则泄官之气；妻财爻弱于月建，喜子孙发动生之；大体上卦爻值旺于月建者，喜克泄耗之爻发动以制之；卦爻休囚与月建者，喜生扶之动爻以扶之，此为万卦不变之理，权衡扶抑之机，观卦爻之得失。

四 独发乱动

独发易取，乱动难寻。

先看世应，后审浅深。

[疏] 六爻成卦有四，即少阳、少阴、老阳、老阴，其中老阳者阳极化为阴，老阴者阴极化为阳，被称作动爻，动爻所变化出来之爻称作变爻。

卦爻独动：六爻当中只有一个动爻，称作六爻独动。

卦爻多动：六爻当中动爻超过两个以上，称作六爻多动。

卦爻独动者，用爻喜忌易于选取；卦爻多动者，由于作用关系复杂，所以用爻的喜忌难以选取。虽有卦爻独动与多动之分，但总不离卦理二字，只是作用关系要有正确区分，正所谓事有百端而理无二致。

先看用爻格局，再审动爻喜忌，则用爻吉凶可辨。

[注] **乱动之法，思之最难。一看世上旁爻生财旺相，忌应爻克世；二看世下亲爻财官喜静；三看何爻最旺为用神，如发动，动要生世；四看独发之爻，旺相最急，休囚事慢。**

官用，官鬼为主。伏旺动生世者出现发动，看变得何爻。父母为辅，喜生现发动者。

凡官鬼父母乘旺相俱动，大吉。

[疏] 卦爻发动超过两爻者为乱动，对于乱动之卦，古今思之最难，俗语云，一爻易得，乱动难求。卦爻无论一爻还是多爻发动，需一理辨之，万变不离其规，生克泄耗之机；如测财源，

妻财偏弱，则忌他爻发动以克泄耗之；要看何爻为用，如动爻发动，则喜对用爻起好作用；独发之爻，要论急缓，用爻旺相得制为急，用爻休囚得生为缓；官爻为用，以官鬼为主，其吉凶要看动爻作用，如官鬼爻发动，则要看变出何爻，官鬼爻旺相，喜父母发动化泄。

[注] 私用，妻财为主。伏旺动生世者，忌伏鬼下，并出现发动。子孙为辅，喜旺相发动者。

凡财官乘旺相，俱动，公私两用皆可成。

或问：世上旁爻生财旺相，下面注云忌应动克世，不知克世上何爻？

又问：忽有乱动卦，世上与财官持世，如何断？

答曰：岂不见又言二看世下亲爻，财官喜静，盖旁爻无财，官便去搜寻伏神之财官。

[疏] 公事以官为主，私家以妻财为用。子孙为生财之物，官鬼为化泄之神，兄弟为克伐之根，父母为耗泄之本。妻财爻旺相于月建，则喜父母、官鬼、兄弟以发动。反之妻财爻休囚于月建，则喜子孙以发动生之。财官俱吉，则公私皆可用。

如测家庭与妻妾，则首论妻财，子孙为生财，官鬼为泄财。如遇卦爻多动，如何断财官？要看财官旺弱，以论其喜忌，财官旺相喜见化泄之爻发动，财官休囚，喜见生扶之爻发动。

[注] 又问：既言世上财官是伏藏者，本静，何故言喜静？

曰：汝看误矣！世下亲爻本静，或有冲克，即非静，故曰喜静，盖不欲乱动之爻去冲克之也。

又问：三看何爻最旺为用神，而注云发动要生世，何为用神？何为发动？

曰：乱动之卦只取旺爻，旺爻即用神也。生克吉凶皆在此爻。若伏藏安静要旺相，若发动，却要生世之爻为用神，又不专泥旺相爻也。

［疏］如财官主卦不现而伏藏，则以静爻无异，至于财官吉凶，则以财官喜忌，动爻作用而论，如果财官发动，则主看其变化之爻而论。

要看月建五行当令，以确定当旺与休囚之爻。何为用神？对用爻起好作用之动爻为用神，对用爻起坏作用之动爻为忌神。乱动之爻，首论有力有气之动爻，次论无气无力之卦爻，总要以用爻之格局而论。

［注］又问：何谓伏旺生世者？

曰：用此已分明，人自不察耳。伏爻要旺相、动爻要生世、官用取官、私用取私，如上篇却要辅助之爻发动，时人并作一句读之，所以失其义也。

［疏］伏藏爻与静爻无异，主卦之六亲无论全与不全，伏藏爻皆在，主卦不显之卦爻，只是不显而已，没有特殊意义，伏藏爻正常取用即可，动爻依然作用任何他爻。公则取财官为用，私则取兄弟与父母为用。总论六亲之取用，定卦爻之生克，万事之成败。

五　世应相克

　　旁爻持世，旺相得地。

　　应与动爻，不克方是。

［注］占财，子孙旺相，妻财持世。

　占官，父母旺相，官鬼持世。

［疏］六爻学六十四卦每卦皆有世爻与应爻，以体现"我"之阴阳尔，世爻为"我"之阴，应爻为"我"之阳，阴阳本一。六亲皆为我，六亲共同构成完整之我。从家庭角度论，父母为过去我，兄弟为当下我，子孙为未来我，妻财为我之身形所驻，官鬼为我存身之本，立世之基。世爻①无论何爻持世，世爻②皆宜旺相于月建，且有动爻冲克方吉，正所谓"实则泻之，虚则补之"，此为万物生灭之法；皆宜休囚于月令，然有动爻生助方吉，此谓"太过者损之斯成，不及者益之则利"，此为万卦之提纲，不可执于一端。

　　应爻③为执事之根本，世爻为谋划之基，世应皆有旺而有制，弱而有帮，以此为吉，其次再论用爻。④ 用爻为主要论事之要，世应为执事之能，二者皆以生克制化适宜，则事可称心尔。⑤

　　生扶与克泄耗，以用爻需求而定，用爻旺相有力，则喜克泄

---

① 以兄弟为我执。

② 或兄弟爻。

③ 兄弟爻。

④ 占主要之方，如占权看官，占仕途看子孙，占纳妾看妻财，占改嫁看兄弟等。

⑤ 此处论及旁爻，旁爻者用爻也。

耗，用爻休囚无力，则喜生扶，不可妄论旺则喜，衰则悲，此为谬论之一。当生而生则吉，不当生而生则凶，当克而克则吉，不当克而克则凶，此为用事断卦之大方，后学宜谨记在心。

财为养命之源，官为立身之本。由占总不离财官二字，今人以"财"为钱财论，古人以"财"为道场论。古人"大隐隐于市，小隐隐于林"，这里的"隐"是"行道"之意，而"林"与"世"则为道场，也就是红尘世界人类社会，六爻占法则以妻财爻为道场，绝不是钱财的意思。心为道场，处处是天堂，心中有恶，处处是地狱。

财爻为行事之地，官爻为行事之规。占财宜辅以子孙，因为子孙为人生之方向，财爻是托起众人；占官宜辅以父母，因为父母为当世之道理学识，官爻是约束万民。

[注] 已上皆可许，忌应爻、动爻克之。世爻乃我家情由，应爻为彼之事理。

或问：应与动爻不克方是，竟不知克甚爻？

答曰：汝道不知克甚爻？不克辅爻耳。

又问：忌动爻应爻墓克之，如何？

曰：占财要财爻持世，占官要官爻持世，若应爻是世之墓，动爻是世之墓，皆不中矣。墓是自墓，克是自克。

[疏] 世爻与应爻建立二元体系，体现在复卦，在成卦之初。六爻为后天应用，其世爻与应爻体现在兄官。兄弟爻为我家之情由，官鬼爻为彼之事理。

占财以妻财为地头，占官以官鬼爻为权柄，动爻发动而应吉凶，财官休囚喜动爻以生助，财官旺相喜动爻以制化，全在权变，不可拘泥于一理。

六　公私用事

阴阳男女，次第推排。

官用取官，私用取财。

[疏]天下之事，为己者皆为私，为人者皆为公。六爻学之六亲父母、兄弟、子孙为内，妻财、官鬼为外。于公者不外财官二字，于私者父母、兄弟、子孙。

官鬼类象：占病以官为医生为病情，占邪祟以官为不明，占词讼以官为裁决，女占婚姻以官为丈夫，占出行以官为阻碍，占竞争以官为公平，占人我以官为小人，占平安以官为祸患。

妻财类象：占生意买卖以妻财为需求，占纳娶以妻财为内人，占家事以妻财为家产，占内事以妻财为奴仆，占天气以妻财为大雨滂沱，占问男女感情以妻财为追求。

无论占问何事，六亲皆为一个整体，需统而论之，如医生诊病一样，五脏六腑为统一之整体，互相协调工作，各司其职而已。对于六爻术，依然以六亲统论，如占词讼，兄弟为律师，妻财为证据，官鬼为法官与判决，子孙为明断，父母为法理。六亲为占每一件事的五个角度，不可以执于一端，例如占问求财，兄弟为竞争，但又为合伙者，官鬼为行规，妻财为市场，需一一明审，不可只看妻财了事。

[注]占病鬼祟，占失看贼，占求官事，占官词讼，占婚问夫，已上皆看官爻。

占买卖财，占宅家事，占奴婢事，占求财事，占婚姻事，已上皆看财爻。

或问：言公私用事，只言财官，而不及父子兄弟，何也？

答曰：天下之事，散而言之，纷若物色；总而言之，不出财官二字。占官必用父母，占财必用子孙。兄弟是破财之人，不为主、不为辅，何必看也？

［疏］天下之事以官为规矩，兄弟为行道，父母为学识，何以不看兄弟父母！占官看父母，是因为父母为学问，学问为为官之本；占财看子孙，是因为子孙为行情，行情是生意买卖的风向标；兄弟是为破财，但兄弟也为合作，是帮我得财之人，怎能妄言兄弟就为破财？

［注］凡卜筮者，但用心于财官，则括天下之理，此法简而最捷，若分支劈脉、琐碎求之，则万物纷然，无以折衷，用心多，功力少，《元龟》"六神"之类是也。故吾捷法，惟以财官伏五乡而定吉凶，自然神妙。

［疏］凡卜筮者用心与六亲，分而断之，统而括之，则天下之法理成矣，此法最为严密，无有纰漏。父母为事之前因，兄弟为事之进展，子孙为应事之果，妻财为外部条件，官鬼为成败之应。虽万象纷然，需一理而贯终。至于偏佐，全在求测者意之所向。其吉凶者，全在六亲对应纳甲而定之。

七　出现伏藏

出现旺相，为久为远。

伏藏有气，只利暂时。

　　[疏]六爻占分为过去之事、当下之事、未来之事，阳爻代表过去，阴爻代表未来；动爻代表当下，变爻代表未来；静爻为久远之事，动爻为当下之事。伏藏爻与静爻同，无论主卦六亲全现，还是主卦六亲不全，伏藏爻无时不在，因为六爻六亲是全息，体现事物各个方面，缺一不构成事物。

　　纳甲地支旺于月建，而有动爻制约者，此为长久之象；纳甲地支旺于月建，而又得动爻扶助者，此为短暂之象。

　　纳甲地支休因于月建，而有动爻生扶者，此为长久之象；纳甲地支休因于月建，而又得动爻克伐者，此为短暂之象。

　　动爻之吉凶代表事物当前得失变化，变爻之吉凶代表事物未来之得失变化。

　　静爻之吉凶变化为迟滞为久远，动爻之吉凶变化为速至为短暂。

　　月建旺相而日建无气者，此为短暂之事。

　　月建休因而日建有气者，此为久远之事。

　　[注]出现为重叠，为再用，为两事，财官两事出现旺相，可宜久远，若持世忌动。伏藏旺相，更看日辰透出，或伏世下，可取。虽成，只利暂时，不能久远也。

　　[疏]用爻重迭两现者，吉凶宜分而断之，六亲不外一个；财官旺弱适宜者，此为久远；旺而得生助，弱而得克伐，此为当

下而不可得；财官持世者，我心与之而已，动与安静另当别论；伏藏爻与静爻无异，因其每卦皆有伏藏，固然全息尔。

[注] 或问：**出现为重叠，为再用、为两事，何也？**

答曰：**且如乾卦为主，后七卦皆从乾卦中来，其出现财是伏藏中而又出现也，岂不是重叠乎？故取占事为再用、为两事。**

[疏] 用爻两现者，虽纳甲地支重迭，唯吉凶分而断之，六亲总不离一个；如六亲两现，此仍为一。

[注] 又问：**伏藏有气，只利暂时？**

答曰：**本宫财官伏世下，方可取，不伏世下，则不取也。旁爻财官非也，必要细看，不可忽。**

[疏] 伏藏爻有气而得制，无气而得生扶，此为可取可用，而不论伏藏于何爻之下，卦宜统而论之，不可执于一端，则有失偏颇；财官六亲以本宫纳甲为准，而不取变爻之卦六亲，此为六亲专断秘诀之一。

八　占财伏鬼

财伏鬼乡，买卖遭伤。

日辰福德，方始荣昌。

[疏] 占经营生意，妻财爻为客户，官鬼爻为行规，如果官鬼爻旺而得生扶，或者弱而得克伐，则经营无利，必然行业衰败，秩序混乱；测经营以子孙爻①为行市，如子孙爻偏弱，但临

---

① 子孙爻又称福德。

日建而有气，则虽衰反荣，且获利悠久，因为日辰为久远，月建为当下。

［注］财爻伏官鬼之下，乃财爻泄鬼无气，须是子孙旺相，透出日辰，或持世上方有，盖子孙能克官鬼也。

［疏］这里"财伏鬼下"为妻财爻衰而无气，则店铺门可罗雀，官鬼爻旺弱适宜者，虽经营有方，但仍难免面对巧媳无米。

［注］或问：兄弟能克财，官鬼不伤财，官鬼克兄弟，何故买卖遭伤？

答曰：不晓其理，则断卦不灵。财伏鬼乡，财则去生官，财又泄气，况用财以子孙为辅，官鬼生父，父去克子，财爻内外受伤，故买卖不能获利，反能伤财。若日辰是子孙，子能生财，克去官鬼；日辰是财，财能克父，使得出现，亦有财也。

［疏］占生意经营，兄弟能克妻财，兄弟为伙计，兄弟爻应吉则店员精明；官鬼克兄弟，官鬼为规矩，官鬼爻对兄弟爻起好作用，则经营有方；占买卖以父母为本金，父母爻克子孙爻应吉者，为经营战略眼光长远。

九　占财伏兄

用财伏兄，口舌相侵。

若在世下，旺相可成。

［疏］占生意经营，以妻财爻为市场，如兄弟发动导致妻财爻应凶者，则同行相欺，无力经营；妻财爻虽弱于月建，但得日辰之气者，终久会发达。

［注］财伏兄弟之下，本无气无财，却喜财爻旺相，贴世下透出，值日辰方有。

［疏］妻财爻休囚于月建，又逢兄弟爻旺相发动者，此为弱而得制，但如有日辰得气者，终久会获利。

［注］或问：用财伏兄，口舌相侵矣，缘何在世下又旺相可成？

答曰：财伏在兄弟爻下，是财被他人把住，故生口舌。若伏世下，世持兄弟，我去克财，财又旺相，岂得不成乎？

［疏］占经营以妻财爻为用，兄弟爻发动而应凶者，为同行竞争，为内部不和；六十四卦皆有伏藏，岂可言每个六亲伏藏吗？所以伏藏只不过为静爻，以静爻而断即可。

十　财伏父子

财伏父母，旺相得半。

财伏子孙，有气必满。

［疏］占经营求财，当以妻财爻为财源，父母爻为本金。占卦如妻财爻旺相有制，或弱而有生者，而父母爻休囚得制，旺而得生者，必为无本经营，即使财源旺盛，也难免劳而无功；占卦求财子孙爻为行情，妻财爻为财源，如妻财爻弱而有制或旺而有生，而子孙爻旺弱生克适宜而应吉者，则目下财源不丰，但日久必然财利如意。

［注］财爻旺相，伏父母爻下，求财有一半。财伏子孙之下，世应不克，终是有财。若子孙旺相，父母爻持世应，亦不能克子孙，求财亦有。

［疏］妻财爻应吉而父母爻应凶者，虽然门庭若市，但难以聚财；子孙弱而有气，妻财爻休囚受制者，虽当下财不称心，但终究会好运到来，皆因子孙爻应吉而运气使然。

［注］或问：财伏父母旺相得半，不审何故？

答曰：用财须子能辅财，财伏父下，则子不能生财矣。止有本等财，故曰一半。

［疏］用妻财必辅以兄弟，用子孙必辅以父母，因占求财，兄弟为伙计与付出，父母为操劳与积累。

［注］又问：财伏子孙、世应不克，久必有财，是不克何爻？

曰：不克子孙爻也。故下云，若子孙旺相，纵父母持世应，亦不能克子孙，求财亦有也。

［疏］占求财者，以妻财爻为财源，而以子孙爻为运气，兄弟爻为伙计。子孙爻旺相有气而他爻克制者，或子孙爻休囚无气而有他爻生助者，则他日运气必然来临，财运倍至。

十一　占鬼伏兄

用鬼伏兄，同类欺凌。

若不虚诈，人不一心。

［疏］占社会交往，以兄弟为朋友，官鬼为交友；以兄弟为友谊，官鬼为结交；兄弟为知己，官鬼为小人；兄弟为情意，官鬼为欺诈不实。如占交友，如兄弟爻旺弱生克应吉者，而官鬼爻应凶，则当下情深意切，日后必然反目成仇，受其所害，彼之付出真心，怎奈结交无义友，升米恩斗米仇，误交恩将仇报之小人

为朋，二目瞎矣。

[注] 官鬼伏兄之下，为同类欺凌、不忠。若官鬼旺相，喜持世，透出日辰吉。

[疏] 占结交兄弟为同类，官鬼为欺凌与忠义。如占交友，兄弟爻吉而官鬼爻凶者，为我有真情，而彼不忠，人无害虎心，虎有伤人意。

[注] 或问：用鬼伏兄？

答曰：兄为虚诈，为口舌，又与同类为劫财。占官事而鬼伏兄，主同类欺凌，官府多诈、吏贴赚钱，所谋之事，到底脱空。若旁爻官鬼旺相，持世、日辰是官鬼，方可用，盖官鬼能克兄也。

[疏] 占结交兄弟为欺骗，官鬼为义气；兄弟为口舌争竞，官鬼为裁判官吏。如占纠纷，兄弟为我之能事，官鬼为彼之方略，官克兄而应凶者，我必被彼所戕害，被官家胁迫敲诈，所谋之事，终久一场空。

十二　占鬼伏财

鬼伏财乡，因财有伤。

官吏阻节，独发乖张。

[疏] 占职权与法度必以官为用，如官鬼爻休囚于月建而无力者，又逢妻财爻无气而安静，不能生扶官鬼，则官鬼爻无有生扶而衰败，不惟官司去职之虑，皆因妻财有伤；占官职如官鬼爻休囚无力，又逢子孙爻发动，剥官去职难免。

[注] 鬼伏财下，因财不吉，官吏阻节，须是官鬼旺相，伏

世下，或与父爻俱透出，值日辰方许，又忌独发。

［疏］占官场仕途，当以官鬼为官吏统御，如官鬼旺相有力，则忌妻财发动以生之；如官鬼爻休囚无力，则喜妻财爻发动以生助，则有临危济困之象；如官鬼爻衰而无力，忌父母爻发动以泄之，如官鬼爻旺相有力，则喜父母以发动相泄，此为补益适宜。

［注］或问：财能生官，何故因财有伤？

答曰：财固生官，但用官为主，必有辅之。父母为文书，官伏财下，财去克了文书，主官人要钱，文书有阻。

［疏］妻财爻生官鬼爻以增力，如官鬼爻旺相有气，此时又逢妻财爻发动相生，此为官鬼爻太过，过犹不及矣；用官之卦，如官爻旺相有力，方可父母爻发动以泄之，反之官鬼爻休囚而父母发动者，泄官之气，则为官不久。

［注］或问：若官爻伏财，是世下，或父母透出，值日辰，如此可用。若父母持世独发，则重迭艰辛，事不济矣。

［疏］求官看财，必须官鬼衰微，求官看印，必须官鬼有力，此为亘古不变之理，旺弱平衡节度，生克制化之先机。当生而生则吉，不当生而生则凶，当克而克则吉，不当克而克则凶；太过者损之斯成，不及者益之则利。

十三　官伏父母

鬼伏父母，举状经官。

若财世上，求之不难。

[疏] 占官者，以父母爻为根基，妻财爻为辖地。官鬼爻旺相者，宜父母兴，官鬼爻休囚者，宜妻财兴，盖因实则泻之，虚则补之。鬼衰而财兴，为捐官之举，鬼旺而父兴，为科考出身，万卦不离一理，正如虽万卦之纷纭，须一理而终。

[注] **鬼伏父下，为官化文书，要贴世，或官鬼旺相，或文书值日，利经官下状及补名目之事。**

[疏] 占仕途官吏，以官鬼为用爻，妻财与父母为辅助，六亲类象上妻财为舍力，父母为读书，官鬼为吏治统摄。六亲作用方面，妻财以生官鬼，父母以泄官鬼，二者各惟所用，当分而用之。

[注] **或问：鬼伏父母如何处用？**

答曰：鬼伏父母，若在世下，方利下状趱补名目事；若在他处，则亦艰辛矣，盖父母为重叠神也。

[疏] 卦象既成，父母兄弟官鬼等六亲皆为我之社会关系，某六亲持世与否，不影响六亲吉凶得失。持世衰而逢克，旺而逢生，持世亦无益；他爻六亲旺而得制，衰而得生，依然为我所用所有。①

---

① 鬼：官鬼爻。印：父母爻。伏：卦爻伏藏，卦皆有伏。

十四　官伏子孙

鬼伏子孙，去路无门。

官乘旺相，透出可分。

〔疏〕占官鬼为官职、权力、官司输赢，如占官权必以官鬼爻为用，官鬼爻旺相于月建，宜子孙爻发动以克之，则大权在握，升迁指日可待；反之如官鬼爻休囚于月建，又逢子孙爻发动以克制，则不惟升官无望，还需防剥官去职之忧。占打官司同理。

〔注〕**鬼伏子孙，只宜散忧，若用官，须是官鬼旺相，透出直日辰方可。若子孙旺相，占看夫病即死。**

〔疏〕无论散忧[①]还是求官，皆宜官鬼爻旺相而有制，休囚而有生，此为一定之规；又女占终身以官鬼爻为丈夫与婚姻，如官鬼爻弱而无力，又子孙爻乘旺发动克之，则求嫁无门，刑夫克子之妇就在眼前矣。

〔注〕或问：官伏子孙去路无门？

答曰：羝羊触藩，不能进退，若官爻旺相在世下，世上旁爻子孙无气落空，则不如此断。徜子孙旺相，官爻无气落空，亦不如此看，可断有人关节，或官吏阻滞而已。

〔疏〕占权柄驾驭，如官衰子旺，则求官无望；官鬼爻休囚，子孙安静，而得妻财以生助者，则升迁在即，反之则去职，或者官人阻滞，或统御无方。

---

① 忧，破败困苦或官司缠身。

十五　官鬼伏官

官鬼伏官，小人作难。

若亲见贵，方许开颜。

［疏］占官者，以官为用辅以子孙，官鬼为权柄，子孙为仕途。如官鬼爻休囚而发动化官者，此为职责支配在手，反之如官鬼爻旺相而化官者，必然难以升迁而讼事临身，然子孙发动克官鬼爻者，此为见贵，提拔升迁尔。

［注］若官伏鬼下，乃关隔之象，又主小人作难，若得旺相相扶，亲见贵人可就。

［疏］占官而官衰且发动化官者，此为官权在握，反之占官，官旺且发动化官者，此为去官降权，此时如得子孙发动相克，则贵人扶持。

［注］或问：鬼伏官下乃关隔之象，主小人作难，何也？

答曰：亲爻官鬼是贵人也，旁爻官鬼是吏贴也，官人被吏贴遮蔽，不能出现，此所以小人作难也。

［疏］官鬼爻旺而有制弱而有生，此为官鬼爻应吉，反之应凶。官鬼爻应吉者，其人则为官家护佑，在权者为实权在握，或得上级重用。总之官鬼爻应吉者，官鬼为权贵，应凶者，为小人发难，官权异路尔。

［注］又问：若亲见贵人，如何又得开颜？

曰：凡用官伏官，皆被旁爻所隔，若用官伏官之卦，但世爻动化官鬼父母。故宜动身亲去见官，官则用爻之神，父则辅助之物，于官有益，不至相伤，所以开颜也。

［疏］占官者，以官鬼为权柄，以子孙为贵人，妻财为效力，父母为读书。占职权如鬼爻兴，喜逢子孙以发动克之，此为破格提拔，亦喜父母爻发动以泄之，此为读书进用以发贵。

十六　出现重叠

出现重叠，还须旺相。
若乘土爻，更看勾象。

［疏］占卦用爻两现，如旺于月建，还需有制方吉；如弱于月建，还需有生扶则吉。两现不等于旺，卦爻旺弱皆有月建而定，月建为万卦之提纲，日建则司久远之功用，此为不二之规。不可独论旺相则吉，休囚则凶，宜旺而损之，弱而帮之。再如用爻临土爻，[①] 休囚于月建，而勾陈或蛇雀临之，也为可用，盖因朱雀生土爻，勾陈螣蛇帮扶土爻。

六神者，青龙属木，朱雀属火，勾陈属土，螣蛇属土，白虎属金，玄武属水。龙主升发故属木，雀主发散故属火，勾陈主传变故属土，螣蛇主介质故属土，白虎主速降故属金，玄武主封藏故属水。青龙、朱雀、勾陈、螣蛇、白虎、玄武，为人类智慧之体现，并非有实体，唯取象不一。

青龙，木色苍青，龙口取象于虎口金，水族鳞片属水，蛇身属土，兔睛属金，鱼须属木，鹰爪属木，飞腾羽类属火，龙体现

---

① 土爻者辰戌丑未。

中国文化金木水火土，妄言风水"龙脉"就想象成一条龙者，误人误己。

朱雀，火者色红。雀，取象于羽类，主飞腾升腾之象。

勾陈，勾者色黄。陈，取象于麒麟，麒麟与龙理出一辙，这里主变化。

螣蛇，螣者色黄，蛇，取象裸虫，主介质实有。

白虎，金者色白，虎，取象百兽之王，主威慑肃杀之象。

玄武，玄者色黑，武，取象水族潜藏，主坚密之象。

五虫，木为圆毛类，火为扁毛类，土为裸虫类，金为壳虫类，水为鳞类。

[注]世爻出现，乘父母官鬼，子孙妻财旺相可取，休囚不可取。若乘辰戌丑未，更看勾合何爻也。假令大有卦，甲辰父母持世，为杂气，能勾申子辰化水局，子孙不宜官用。

[疏]六亲取用以求测者意之所向，六亲吉凶以月日为导向，卦爻作用为吉凶，总不离旺弱生克之法。金爻弱而取蛇虎勾陈，木爻弱而取玄武青龙，水爻弱而取白虎玄武，火爻弱而取青龙朱雀，土爻弱而取蛇雀勾陈，弱则益之，旺则肃之。

至于"三合局"者，非卦爻之间生搬硬套。合者同也，三合局出于流年值运五行，用在断应期。

亥卯未：亥年，卯年，未年，这三年的值运五行相同，都是木主运。

申子辰：申年、子年、辰年，这三年的值运五行相同，都是水主运。

巳酉丑：巳年、酉年、丑年，这三年的值运五行相同，都是金主运。

寅午戌：寅年、午年、戌年，这三年的值运五行相同，都是火主运。

［注］或问：更看勾象，如何看？

答曰：如火天大有，能勾申子辰水局，伤官者，以甲辰土父墓持世也。若不乘土爻，便不看勾象矣。

［疏］更看勾陈，更字这里是选择的意思。如卦爻为辰戌丑未土旺于月建，此时临勾陈则凶；反之卦爻为土休囚于月建，逢勾陈临之则吉。其他纳甲作用同理，这里单说勾陈，只是举一以反三尔，勾陈之外还有螣蛇与朱雀，后学宜活断之。

［注］又如随卦，世持庚辰，能勾申子辰合水局，利干文书之事。

若中孚卦，世持辛未官墓，不能勾亥卯未官局，以艮宫亲爻寅木是官，卯木非官也。

［疏］父母爻为读书，为文化，为知识，为道理，为经验，知识是庇护人类的唯一至宝；阴阳本一，阴阳表里，阳为表，阴为里，去一则无有意义。寅卯一体不可分，寅木为表，卯木为里，如论官鬼，卯木为官为规矩，寅木为鬼为规律。[1]

---

① 鬼者自然规律。

十七　子孙独发

子孙独发，为退为散。

若乘旺相，亦可求财。

〔疏〕子孙爻，子孙为级别与高度，为喜悦，如子孙爻应吉者，则升迁在望，反之则为降级。如占情绪则为喜悦，反之失落；官鬼爻为破败之神，为悲伤，子孙爻能克官鬼爻。如占卦官鬼爻旺相于月令，逢子孙爻发动克之，则为加官进爵、执掌实权；反之，占卦官鬼爻休囚于月令，此时子孙爻发动克制，则为退官降职，在情志则为悲忧。

占财运，如妻财爻在月令休囚无力，此时子孙爻发动生之，则为目下不明，终久能够显达；反之妻财爻旺相，子孙爻发动生之，则求财无望，运势低糜。

〔注〕子孙为伤官之神，发动利脱事，若乘旺相，亦可求财，出现更看变爻。子孙又为九流、中贵、福德、医药、蚕禽。乾和尚，震道士，兑尼姑，巽道姑，坎医药，离卜士，艮法术，坤师巫。

〔疏〕官鬼为困境、蹇滞、阻塞，官鬼爻乘旺而子孙发动以克制，则为脱困解脱，走出困境；又如妻财爻休囚无力，子孙爻发动以生之，则求财有日，变爻作用关系专有论述。子孙爻为出色、优秀、高贵、子女后代、运气、贪心；六爻术专论六亲类象，梅花易数与奇门遁甲专论卦象，如论江湖九流术士，乾卦为大僧，兑卦为二僧尼姑，震卦为道士，巽卦为道姑，坎卦为教学与医术，离卦为卜士，艮卦为法师法术，坤卦为巫婆神汉。

［注］或问：乾和尚等如何说？

曰：乾为圆、为首、和尚圆顶象天也。

又问：子为和尚？

曰：子孙在乾宫，其类神，乃为和尚也，余以类推之。

［疏］乾卦之所以为僧人，是因为出家人以戒律为师，乾卦与兑卦皆代表规范约束，在社会为法治，在宗教为戒。

子孙爻在修为，为众生，在心性为无我，在社会子孙爻为文明，在佛教，为佛境极乐世界，所以子孙爻为出家人。

十八　兄弟独发

兄弟独发，为诈为虚。

若乘旺相，财破嗟吁。

［疏］兄弟爻，兄弟为我执、行动、朋友、合作，占卦兄弟爻发动应凶者，为不实，为朋友欺诈，为争竞。如果妻财爻弱于月建，逢兄弟发动克制，则破家破产在即，为兄弟分争家产，家业将散；若兄弟爻休囚无力，而官鬼爻旺相克制，则败家之子产出，后继无人。

［注］兄弟为劫财之神，大忌隐伏。动发主虚诈不实之事，凶不凶、吉不吉，若旺相，主口舌忧疑破财，如出现发动，更看变得何如，大怕化鬼爻，凶。

［疏］兄弟为合作与劫财，应吉则为二人同心，下人得力；兄弟应凶则为同行竞争，内鬼卖主，仆役奸盗；如兄弟爻休囚无力而独动，化出官鬼爻回头克，则破败临身，破家亡身不久矣。

[注] 或问：兄弟为劫财之神，大忌隐伏发动，何也？

答曰：隐伏看兄弟伏在世爻下也，不伏世爻下，非为隐伏。动发者，兄弟独发也。

[疏] 兄弟应凶者为劫财之神，兄弟应吉者为招财之能，不以兄弟爻本身论得失，如妻财爻在月建旺相有力，逢兄弟爻发动以克制，则兄弟得力，为己争财；反之妻财爻休囚无力于月建，而兄弟爻发动克制，则为劫财败财。世爻与应爻只是建立二元概念，世爻为阴，应爻为阳，体现阴阳，一卦之六亲皆为我，父母为我之学问，兄弟为我之行为，官鬼为我之取舍，妻财为我之纳取，子孙为我之境界，何来世爻独独为我、应爻独独为他之说呢？断卦之神在于六亲统论，辩证取舍，何以以一概全？

十九　父母独发

父母独发，重迭艰辛。

若乘旺相，文书可成。

[疏] 父母爻，父母为多忧、学识、实力，父母爻弱而化回头克，旺而化回头生者，做事主根基浅薄，实力匮乏，经验不足；如占名望与功名，父母爻旺而有制化，弱而有生助，则名望在即，功名则要参考官鬼爻吉凶，官鬼爻与父母爻同吉者，功名势力可得，反之父官同凶，不惟出头无日，还需防疾病祸患。

[注] 父母为重迭之神，大忌出现发动。若趱补名缺，求书札、取契，得旺相动发可成；若坐休囚，不可凭准矣。

[疏] 父母为忧虑之神，测事体大忌父母爻应凶，应凶则做

事无根，终将败落。父母爻为文书、书信、知识、契约文本、书简、长辈、经验、道理、内涵、准备等。

［注］或问：父母为重叠之神，何故为重叠？

答曰：凡六亲只有一重，惟父母有两重，如祖父母、父母也，故父母发动，重叠艰辛。

又问：如坐休囚，不可凭准？

曰：父母发动，旺相尚自重叠艰辛，若休囚岂可凭乎？

［疏］凡所六亲皆有两重（阴阳），父母阴阳为父亲与母亲；兄弟阴阳为兄弟与姐妹；子孙阴阳为晚辈男女；妻财阴阳为妻妾之分；官鬼阴阳为丈夫与规矩。父母为准备，官鬼为重复。父母爻应凶者，为做事少力，缺乏准备，实力不足之象，因其没有基础，为空中楼阁，昙花一现。凡卦爻皆以虚则补之，实则泻之为准绳，审卦爻之虚实，以分生克制化之宜。

［注］附动止章：凡占官上马，看文书爻入墓绝日去，墓，藏也；绝，止也。占自身，或占父在外欲回家，看世爻绝墓日动身。又看世持甚爻，待日辰冲便归。如卦中化出爻来生合世爻，或去刑克冲害世爻，便是此事搭住，如财爻是妇人类。

［疏］凡占看为官，父母为印为文书事，官鬼为官威，子孙为势力，妻财为辖地。墓，为十二长生诀之墓，① 阴阳决绝为墓，无形阳气从有形实体剥离出去为墓，凡墓者为无气。十二长生之冠带与临官为止，胎养为蓄势。如占行人，此为代占之卦，父母远行何时归，父母爻应吉则能归，妻财为团聚，其他类此。

---

① 阴阳剥离谓之墓。

二十　官鬼独发

官鬼独发，为欺为盗。

若临吉神，功名可望。

［疏］官鬼爻，官鬼为贼盗、小人、官权、职务、契约、责任、官司等。如占卦官鬼爻旺弱制化适宜而应吉者，则占官可得，阴人遁形，贼盗伏法，为官有威，为民者有章法，修行者有戒行，经营者有利，反之官鬼爻应凶者，万事不可谋，谋则必败无疑。

［注］**官鬼为官史，若求名遇吉神，必主立身清高，若临凶神，必主兴讼，贼盗弄魅害人之事。**

［疏］官鬼爻为上级、官吏、驱使、统御、不足、缺憾，如制化适宜应吉，则立身清高，持身有度，做事得法，为官者有道，为民者有规矩，为女儿者守妇道，为丈夫者有立身之本；反之官鬼爻休囚被制，旺相得生，则行藏不定，凡谋不遂矣。

二十一　妻财独发

妻财独发，生鬼伤父。

问病难瘳，占亲无路。

［疏］妻财爻，妻财爻生官鬼爻，克制父母爻。父母爻为元气，官鬼爻为病，妻财为药。如果官鬼爻弱于月令而休囚，逢妻财爻安静不生助官鬼爻，那么不惟病难愈，亦没有对症之药。反

之官鬼爻旺相而得妻财生助者，久病难医；如代占父母身体，父母爻弱而无力，又逢妻财爻发动相克，则父母寿禄有日；如占家庭，妻财爻为内人，父母爻为长辈，妻财发动克制衰父，则必然长上有忧。

[注] 大抵财动克父，亦能生鬼；然财爻宜旺，不宜空；宜静，不宜动。惟占脱货，要财爻发动。如占婚姻，财动必克翁姑；占讼，主克文书，若财鬼俱动者，父有元神而翁姑不克，文书有成。

已上专论五乡公私两用，为卜易者提纲捷诀也。

[疏] 妻财爻克父母爻，妻财爻生官鬼爻，如占生意，宜妻财爻动静以应吉，则门庭若市，反之买卖门可罗雀；如占出货，则妻财爻应吉，则客户盈门；如占婚姻，财爻发动或者安静而应吉者，必娶贤惠之女，如妻财爻或动或静而应凶者，必娶刁悍之妇；如占讼事，妻财爻应凶者，必然无有证人证物，诉状难以伸明；如占考试，妻财动而克制父母应凶者，必然押题有偏，反之应吉者，金榜得中。

二十二　占身命

世爻为命，月卦为身。

得则富贵，失则贱贫。

[注] 人之身命，冬至后占得阳卦阳爻为吉。假如正月占得二月卦为进，更加旺相禄马，有子有财，居于有德之位，成为有福贵人，如冬至后占得阴卦阴爻不吉。正月占得十二月卦为退，

兼以相刑相克、休囚又无财无子，坐于不吉之爻，则为贫贱下命，俱以得时为吉，失时为凶也。

［疏］占身命，占终身卦，世爻为一生之本，应爻为百岁之妻，世应阴阳得位，则琴瑟和谐，世爻为阴，应爻为阳。凡事进用有二：其一，世爻所临之爻如发动，宜化进神，忌化退神，进神者，寅木化卯木，申金化酉金，退神者反之；其二，冬至一阳生，夏至一阴生。冬至之后占卦，阳爻持世，夏至之后占卦宜阴爻持世；占身命除以上还需六亲得地，父母爻以定学识之渊博，兄弟爻以定能力之高低，子孙爻以定名节之有无，妻财爻以定色身之健康、财物之有无，官鬼以定禄命之大小。

二十三　占形性

外卦为形，内卦为性。

若占其人，以用而定。

［疏］占其人的性情与形貌，占物外在形状、颜色，内在性质、功能。阳爻为外，阴爻为内，阳爻为外貌，阴爻为性情。至于以内卦外卦之论，属于卦象范畴，《梅花易数》多用，六爻以卦爻作用定吉凶用废，六亲定万事万物。

如代占则以所属六亲具体论之，则纳甲为阴为内，所临之六神为外为阳。

如自占以兄弟爻为仁爱之本，官鬼爻为义气之方，子孙爻为明礼之心，妻财爻为用度之源，父母爻为智慧之所。

如占物，子孙为五色，妻财为外形，兄弟为功用，官鬼为性能，父母为容积。

如代占，父母为长辈、尊长、老年人、退休之人、智者、幕后策划者。兄弟为平辈、兄弟姐妹、朋友、同事、同行、合作者、行者。子孙为晚辈、为小儿、有社会地位的人、明礼者、贵人。妻财为妻妾、女人、保姆、仆人、伙计。官鬼为丈夫、男人、官家、领导、管理者。

[注]以外卦为形貌，内卦为性情。

乾在外，头大面圆，逢克则破相；在内心宽量大。

兑在外，则和悦多言；在内则心小胆大。

离在外，文彩；在内聪明。

震在外，身长有须；在内心暴不定。

巽在外，身长有须；在内心毒而忍，安身不稳。

坎在外，形黑活动；在内心险多智。

艮在外，其头上尖下大；在内心志固执。

坤在外，厚重；在内主静，逢凶则鲁钝。

[疏]外卦为形貌，内卦为性情。

乾在外，则行仪有方，在内则规划调理。

兑在外，则忠诚规矩，在内则严谨自律。

离在外，则礼仪文明，在内则事事明了。

震在外，则正直行道，在内则决断亲为。

巽在外，则努力立志，在内则认真多思。

坎在外，则睿智浑厚，在内则智慧学识。

艮在外，则诚信多行，在内则包容涵纳。

坤在外，则和善缘分，在内则和合亲和。

卦象太过及不及则应凶，其性情则颠倒；如旺而有制化，弱而有帮扶，则其性纯，其意切。

［注］再以五行随卦之金木水火土通论：

金为人洁白贞廉，骨细肉腻，声音响亮。为性不受激触，处事多能，好学，好酒，好歌唱，如带煞重乃武夫，或多武艺。

木主人物修长，声音畅快，须发美，眉目秀，坐立身多敬侧，为事窒塞，无通变之谋。如死绝则人物瘦小，发黄眉结，柔语细声，不能自立之人也。

水为人背小团面，色或焦，行动摇摆。为性大宽小急，处事无定见，喜淫、好酒，少诚实。若带吉神贵福者，乃志量广大，包含宇宙之才也。

火人面貌上尖下阔，印堂窄，鼻露窍，精神闪烁，语言急速，性燥声焦，其色赤或青不定。坐须摇膝，立不移时，临事敏速，旺乃聪明文章之士。

土人头圆面方，背方腹阔，为性持重，处事沉详，语言简默，动止不轻。如遇墓绝，乃块然一物，无智无谋无能之愚人也。

［疏］再以五行随卦之金木水火土通论：

金性人五行特征：金为人洁白贞廉，骨细肉腻，声音响亮。做人多好义气，善于手段，做事多方法，仗义疏财，好江湖之气，多好道，如带煞重乃江湖豪杰，与火同吉则高官。

木性人五行特征：木主人物修长，为性不受激触，处事多能，多好学善读书，声音大而高亢，须发美，眉目秀，坐立身多耸直，为事多谋虑，而行之直，处世缺乏变通。如无气则人物瘦小，好淫，发黄眉结，柔语细声，不能自立人也。

水性人五行特征：奉拉脸，脸型下部宽大，耳朵大，眼大眉毛粗，鼻梁比较低，宽额头，头发丝较细密，耳朵大，脸型偏大。多忧多虑，遇到事情想不开，一定会钻死牛角尖，不会变通考虑，忧愁烦闷，心思想不开，善恐，总有害怕的事情，因道害义，听不进去别人的话，自以为是，固执愚鲁，做事多有退缩。水性人平时多烦，心思郁结，脾气多犟，许久之前的事情都耿耿于怀，不肯忘却，追思后悔。水性人多智慧，考虑问题深入具体，多角度多方面思考。古代圣人多出于水性人。

火性人五行特征：额头尖窄，头发色黄而稀少，事事明了而知礼仪，善于察言观色，能够分清是非曲直，眼界高远，能够具有战略思想，其性急，做事多要求完美，聪明文章之士；火太过或不及，则其性多贪，其心多狭，其性多恨，处世多昏聩。

土性人五行特征：土人头圆、面方、背方、腹阔。为性持重，处事沉详，语言简默，动止不轻，一生多诚信而忠诚，事必躬亲，多做多能，为人和善多包容；如遇墓绝，乃愚钝固执，顽固而自以为是，无智无谋无能之愚人也。

［注］论女人性形：

金财端正德贞洁，美貌团圆似明月，心性聪明针指高，肌肤一片阳春雪。

木财妖态胜仙娃，能梳云鬓似堆鸦，身体修长眉眼秀，金莲慢把翠台遮。

水性为人多变更，未有风来浪自生，若加玄武咸池并，巧似杨妃体态轻。

火财为人心性急，未有事时言便出，鬃发焦黄骨月枯，夫妇和谐难两立。

土财不短亦不长，绝美人才面色黄，若逢吉曜生佳子，性慢言悭福寿昌。

［疏］论女人妻财五行性形：

金财端正德贞洁，做事机变多治节，性多驾驭善用巧，朱雀并临一品官。

木财性直多耿介，秉性纯良心仁爱，舍己为人多孝道，读书文采有进用。

水性为人多睿智，人若出入佳备有，若加玄武幕后人，后代聪慧定发富。

火财为人心性急，目中无人多娇狂，一生多苦眼界明，为富为贵势力人。

土财憨厚多信用，做人做事心诚信，能容能化多包容，亲情友爱福气真。

二十四　占运限

大小二限，从初世起。

阳顺阴逆，六位周流。

［注］卦之大限，以阳世为顺，阴世为逆。阳顺则自世而上，阴逆则自世而下。每一爻管五年，周而复始。逢生令则吉，遇刑伤则凶。

［疏］子平术以十神为六亲方向，大运为生命运限时空环境，

定一生十神运势起伏；六爻以六亲为人事，月建与日建为时空条件，定六亲当前吉凶得失。六爻之大限于六爻术几乎没有用处，理论上也欠缺辩证性，了解即可，只可参考。

世爻逢阳爻则顺，[①] 逢阴爻则逆。[②] 每一个爻位，各管五年运限，六爻一个循环三十年。逢用爻吉，[③] 则五年顺遂；逢用爻凶，则五年蹇滞。

[注] 其小限，一年一位，周流而已。

假如丁酉年七月甲午己巳时，占得大壮，自一岁在世上，至六岁与十岁在六五，至十一岁在上六，至十六在初九，二十一在九二，二十六在九三，甲辰比肩但二十七岁小限在上六，故曰大小二限并兄弟，必先伤妻而后破财，余仿此。

又有以本体为初，互体为中，化体为末者。

又有以本卦管三十年，每爻五年，以之卦管三十年，每爻五年，学者亦可参之。

[疏] 小限以世爻为起点，一个爻位值一年，周流六个爻位，一个循环共六年。如占家庭，逢兄弟爻，应吉则家业并起，出兴家之后人；如兄弟爻应凶则破家亡身，出酒色犬马之子。如逢官鬼爻应吉则家门余庆，治家有方；官鬼爻应凶则家业破败，夫妻反目。小限谨做参考，了解即可，所用非多。

关于六爻应期论：六爻术没有运限理论，强而加之，如画蛇添足，失去六爻本意。六爻之于应期，远应年月，近应时日，仅限于年月日时。大运属阳循环不已，年时属阴，只定当前得失。

---

① 初爻至上爻为顺。
② 上爻至初爻为逆。
③ 弱而有生助，旺而有制化。

流年五行定义：子午寅申年火主运，巳亥年木主运，辰戌年水主运，丑未年土主运，卯酉年金主运。

月建五行当旺：寅卯月建春令木旺火相，土金水休囚无力；巳午月建夏令火旺土相，金水木休囚无力；申酉月建秋令金旺水相，火土木休囚无力；亥子月建冬令水旺木相，火土金休囚无力；四季月建五行各有一旺，五行各有旺弱。

流年五行值运与月建五行当令不同，流年论气，月建论力，各有其用，各有其本，不可同论。例如午火月建，火旺而炎热暑气到来，而午年火之气到来，却没有暑气之热，学者宜辨而论之，亦学宜用，不可盲目论之，如俗师之言，何必分年月日时呢？

二十五　占婚姻

喜合婚姻，世应宜静。

财官旺相，婚姻可成。

[注] 世应有动便不成，男家娶妻看财爻，代占同。女家嫁夫用鬼爻。忌动出现，怕冲，若旺相可成，世应相克不久。世夫应妇。又看何人占之，占夫忌子孙发动，子孙持世不成，占妻忌兄弟发动，兄弟持世不成。间爻为媒，父母为三堂，子孙为嗣，宜静。卦无子孙不欢喜。

[疏] 占婚姻，以妻财与官鬼爻为主，辅之以兄弟爻与子孙爻。世爻为我方，应爻为他方，世应具以兄弟而论之，兄弟为"同我者"即我执，而官鬼爻为他方，为外戚。妻财爻旺而有制，弱而有生者，男子占婚必娶贤淑之女，女子占婚则必嫁和睦之家；

官鬼爻旺弱制化补益应吉者，男子占婚必娶管家之女，女子占婚必嫁兴家之夫。婚姻之美满与否在妻财，婚姻之成败在官鬼。

占婚姻，以官鬼爻与妻财爻为用爻，不以发动与安静论得失。财官静而应凶，依然劳燕分飞；财官动而应吉者，夫妻依然相守终老。财官旺而化冲克，财官弱而化生扶，此为白头偕老之前缘；反之财官旺而化生助，弱而化冲克，此为天各一方之前因。

占婚姻以妻财为媒妁，官鬼为证婚，兄弟为有情，子孙为追求。官鬼爻应吉则前缘以定，相敬如宾；兄弟爻应吉则夫唱妇随，琴瑟和谐；子孙爻应吉则天遂人愿，女嫁贵夫，男取贞女。

如有代占者，一律以六亲关系而定。

如兄弟代占嫂子与弟妹，一律以兄弟爻为用爻；姐妹代占大伯子与小叔子，一律以兄弟爻为用爻。如代占叔伯与婶子大娘，一律以父母爻为用爻。如代占后辈、女婿、儿媳、孙媳、孙婿，一律以子孙爻为用爻。

［注］或问：世应有动便不成，何也？

答曰：世动男家进退，应动女家不肯，世应有空亦然。

问：忌二字动，忌何爻动也？曰：财官二字。

何为三堂？父母、兄弟、子孙也。

［疏］不以世应发动论吉凶，以虚实补益制化论得失，此为不二之理，实则泻之，虚则补之。"空亡"者古称"旬空"，旬者周而复始，空者实有也，即物质世界与时间阴阳统一关系，此处之"空"不是没有之意，是有形世界的意思。

占婚论财官，财为身形所驻，官为百年之约。财官吉则夫妻终老，财官凶则有黄鹤之怨。

"三堂"者，即父母、兄弟、子孙。父母为过去之我，兄弟为当下之我，子孙为未来之我。即我之来处、安处、去处。

[注] 凡财爻与兄弟合，此妇不廉；五爻持鬼，此妇貌丑；财伏墓下，主生离死别；财伏鬼下，主妇人带疾，兄伏鬼亦然。财伏兄下，主妇人淫荡；鬼伏兄下，主男子赌博；身爻值鬼，主带暗疾，此又不传之妙。

[疏] 凡占婚姻，兄弟发动而应凶者，为此妇不贞，必多争竞。占妇女容貌之妍媸，心之善恶，以所临六神辅助而论之。青龙应吉则有贵气，反之则贱；朱雀应吉则有威仪，反之则卑微；勾陈应吉则朴实大方，反之则苛吝；螣蛇应吉则诚信包容，反之则多疑报复；白虎应吉则处世有方，反之则卑鄙下作；玄武应吉则多智多学，反之愚钝蠢笨。

财爻无气而发动逢墓绝，则妇女寿限有日；财官应凶而嫁娶者，此女必有暗疾；兄官俱凶者，男子再娶，女子再嫁；妻财爻临青龙而阴阳俱凶者，此妇必多淫；兄弟爻临青龙而应凶者，所嫁之夫必好色；兄官同凶者，丈夫必然吃喝嫖赌之辈；身爻这里指卦身，另有专门论述。

[注] 占妻看财爻，宜静；占夫看官爻，宜静。阳宫端正，阴宫丑陋。在飞上应头面四肢，在飞下应拙不稳。男占得震巽，主再婚；女占得坎离，主再嫁。妻在间爻，女有亲为主婚；夫在间爻，男有亲为主婚，但得时旺相，皆许成。出现忌日冲，世动，男不肯，应动，女生疑。用神如发动，成也见分离。间动有阻隔，或是媒人作鬼，如占女人妍丑。第五爻为面部，如财福旺相持之，绝色。父母次之，兄弟持之，貌丑陋不妍。

上六爻为头发，如火坐之，主鬓发焦黄色。看大脚小脚，专看初爻，初爻是阳，主大脚，初爻是阴，主小脚，重化拆半扎脚。交化单，先缠后放。

[疏] 间爻为阻隔，这是以世应而论，六爻论成事以兄弟为进展，官鬼论阻隔；如论嫁娶以财官为嫁娶对象，兄弟为媒妁。占女子之妍媸，女人占卦测男子，重之在责任，而男子占女人，重之在智慧，相貌之美丑全在一心，心为万物之主，盛万物之本体。对方相貌之形，以所临之六神观之，六神本无吉凶意向，以组合论容貌。青龙起好作用则相貌贵气逼人，朱雀起好作用则气势逼人，白虎起好作用则威势逼人，玄武起好作用则聪慧盛德，勾陈起好作用则端庄稳重，螣蛇起好作用则包容涵养。令六神分论五官，眉毛以论龙，法令以论虎，额头以论玄武朱雀，腮骨以论勾陈螣蛇等。鬓论之以官鬼，发论之以兄弟，妻财论之以四肢，玄武论双脚。

[注] 附：占婢妾：专以财爻为主象，财爻旺相便吉，若动出官来，主生病招讼，动出兄来，主口舌；若兄爻财爻合住，主有外情不良。如有爻象与财爻三刑六害，必主因此成讼；财化子性善；财化官带疾；财化兄主淫荡不良；财化父老成；财化子，性迟缓不管事。

[疏] 婢女与妾室专论妻财，其实一切使唤奴仆下人皆以妻财论之。占佣仆婢妾，妻财主之，妻财爻旺而有制化，弱而有帮扶，则奴婢必忠心侍主；若官鬼发动而应凶者，必然害主而有二心，刑狱官讼将至，应吉者忠心耿耿有义方；若兄弟发动而应凶者，必然勾引内眷而淫乱，应吉者其心仁爱；子孙发动而应吉

者，则其心聪慧，应凶者鼠目寸光而贪鄙；父母爻发动而应吉者，老成持重之仆，父母爻应凶则愚钝不良之辈。

[注] 定妇人、女子，看财福二爻，生身世无冲克是女子，财福生官兄，或官兄旺动是妇人。

[疏] 占所娶之女是女孩子还是妇女，专论妻财爻与兄弟爻。妻财爻本身论妻妾寿禄，妻财爻所临之六神论贞洁，六神应凶者，朝三暮四之妇女，六神应吉者贞洁之女孩。兄弟爻发动或安静而应凶者，此女必有外情。官鬼爻动静而应凶者，难言百年。

[注] 凡占雇取仆从，亦用财爻为主象。财不可太过，又不可无财并空亡。若如此，慵懒不向前。子化财，为人纯善；鬼化财，带疾；兄化财，不真实，多说谎瞒骗人家；父化财，性重，作事稳；财化兄，多淫荡，难托财。又看身爻，身是鬼主有疾；身是父，主识字；身是兄，多说谎；身是子，主慈善；身是财，最好。如化出鬼，主生病、招口舌；化出兄，主口舌不稳。

[疏] 凡占佣仆杂役之人，皆以妻财爻为主象，财爻太过宜有制化，财爻不及宜有补益，此为忠心事主之下人。占佣仆，如兄弟发动而应凶者，此仆役必懒惰不前；如官鬼爻发动而应凶者，此佣仆必有外心；子孙爻发动而应凶者，此佣仆必其心不明；父母爻发动应凶者，此佣仆必然愚钝无知。

附注"空亡"：天干为时间周期，地支为物质生灭状态，天干与地支即宇宙本体，以六十花甲子为时空表达。空亡，古代称作"旬空"。旬者，时序也；空者，实有也。在古代旬即时间伦序，空即有形之物质世界，旬空则为以有形之世界为实像，时间伦序为节律，物质世界的周期与节律。今人不谙古书，多望文生义，而解读空亡为没有，殊为可叹，后学宜谨记之。

二十六　占孕产

孕看财爻，胎加龙喜。

旺相为男，休囚是女。

[注] 产孕须寻龙喜胎神。白虎临于妻财，旺相为男，休囚是女。

乾兑坎离在下卦，主顺生；震巽艮坤在下卦，主逆产。盖乾首、兑口、坎耳、离目在下为顺，以震足、巽股、艮手、坤腹在下为逆也。

假令乾宫子孙以水长生在申，到午为胎爻，三合寅午戌，三日内生也。

要知男女，胎爻属阳生男，胎爻属阴生女，坤卦六爻安静生男，此乃阴极动而生阳，又不可专泥也。

凡占老娘看间爻，持财子老娘手段高，持父兄官手段低。占奶子，看财爻旺相有乳食，财爻无气或空，乳少。

[疏] 占孕产以妻财爻为孕妇，兄弟爻为胎儿男女。妻财爻无论动静而应吉者，主孕产平安，兄弟爻不论动静应吉者生男孩，反之生女孩。如以六神论之，则以青龙为男孩，白虎为女孩，兄弟旺而有制化，弱而有帮生男孩，反之生女孩。

凡占助产医生如何，依官鬼爻论事，官鬼爻动静应吉者，医生技术了得，反之医术匮乏；产妇自占奶水，以妻财爻为乳汁，妻财爻应吉则奶水充足，应凶则奶水稀少。

六爻重六亲而用纳甲，《周易》重八卦而用爻位；六爻依六亲取事，《周易》依卦象论事；六爻以纳甲作用定吉凶，《周易》以爻位伦序定得失。此为六爻与易占之分别，二者虽然都用六十四卦，但体系独立，六爻之用其形而用六亲，《周易》取其形用其卦，六爻以抛掷制钱以成卦，《周易》因机取卦而成象，六爻与易占有本质的区别，不可混淆用之。

占孕产，以震巽为生产，乾兑为顺逆，震巽论胎儿男女。

凡看助产以官鬼爻论之，官鬼爻无论动静应吉者，助产士技术娴熟，助产顺利，反之助产士技术生疏。依子占母，以妻财爻为母乳；以母占子，妻财爻为哺育。

二十七　占科举

科举功名，干求进职。

皆取官爻，旺相必得。

［注］凡占赴试、谒贵、面君、参官、到部谋干等事，看世上有无文书。若父母旺相，可许。但官爻旺相，便吉。忌子孙持世，不中。占赴任，子孙持世或独发，必不满任也。

［疏］求职进用以子孙与官鬼同论，子孙为仕途，官鬼为职权，官鬼爻旺而有制或弱而有帮，则大权在握，子孙爻动静应吉者，权势日隆，仕途飞黄腾达扶摇直上。

［注］或问：看世上有无文书，何也？

答曰：此专用官为主，用父为辅，所以要父母在世上也。以文书为主，要文书持世无刑克太岁贴身，必作状元。

凡占试，以鬼为主，看伏在何爻下，要日辰生扶合出。且如春占剥卦，官在文书爻下，有气，日辰合出，主试中式。求职请判，宜官鬼出现，忌动发，在任宜鬼静，鬼发有动，子动有替。

若六爻中只有一爻动，最吉。兄动，事不实，难成。若现有气，可速成，怕落空。易云：动爻急如火。次或出现文书与贵人。但卦中原无或不入卦，或落空，其事难。官与文书俱旺相，亦要持世方可成。应爻不克，事体分明。乾兑坎宫，谋事不一，见官用动，其人多出，见亦生嗔。

[疏] 如占仕途进用，以官鬼爻为实权，子孙爻为仕途升迁谪贬，父母爻为学问，妻财爻为辖地，兄弟爻为同僚。父母爻虚实制化应吉者，日后必然举步高升。凡占科考，必以官鬼为用爻，辅以父母，官鬼爻太过而有克泄，不及而有生扶，则必然考试过关；其次看父母爻吉凶，如父母爻应吉者，独占鳌头，指日高升；如占仕途，官鬼爻休囚被制，或者旺而得生，则名落孙山，而子孙爻动静应凶者，无有出头之日。

占谋职进用，兄弟爻为同僚，如占仕途卦而兄弟爻应凶者，必然鹿死他手。《易》云：动爻为变爻之渐，变爻为动爻之果。动爻与静爻同为用爻时，二者没有快慢之别，只是静而专，动而变，不过吉凶得失转化而已。六爻占仕途，以父母爻为文书学问，子孙爻为贵人，兄弟爻为争竞，官鬼爻为职权。

卦中如无某六亲，则以伏藏爻为用，伏藏就是静爻，每卦皆有伏藏，只在用与不用尔，飞爻与伏藏爻并无二致，二者没有必然关系，吉凶以正五行作用为准，飞伏只是同位，如飞爻安静，则二者没有五行作用。

此处论《周易》卦象，乾兑主事之变，坎主事之无形，故乾兑坎古人定义为谋事不一；官鬼克兄弟，如兄弟爻旺于月建，而官鬼爻又无力克制兄弟，则群而乱之，事多生变。

二十八　占谒贵

官鬼为主，世我应彼。

世应相生，得遇和喜。

［注］凡占谒见，以外卦取，外阳爻可见，外阴爻不见。阴鬼阳世再见，阳鬼阴世已外出。

出现在家，忌外卦独发。伏藏应动，皆不见。看财爻旺相出现，忌动用官；看官爻，忌世应坐鬼。又须问见何人，看用爻为主。

谒见，用爻出现旺相不动，在家；若空、冲、散，不在。世应相生合则吉，相克必凶。

世克应，或克用爻，皆致怨之象，当俯仰小心。应克世，或用爻克世，虽皆愿见，亦忧刑。应用相克，不及相生也。卦有身，相见更看用爻，用爻生身尤好；卦无身又无用爻，或用爻空亡，终不见。

［疏］凡占谒贵，[①] 以官鬼爻为用爻，官鬼爻应凶者，其人回拒我。如《周易》论卦象占贵，以外卦为彼方，内卦为我方，阳为显，阴为藏，外卦为阳卦则显而易见，外卦为阴卦则藏而难寻；又以官鬼爻为贵人，官鬼爻为阳，动静应吉者，见而速；官

---

① 求诸有势力之人。

鬼为阴，而动静应凶者，迟而不见。无论官鬼爻在内卦还是外卦，官鬼爻旺弱失宜而应凶者，一律拒见。如以世应论之，以世爻为我方，应爻为对方，世爻如旺相于月建，应爻发动克泄世爻，则对方主动见我，反之对方拒不相见；世爻如休囚于月建，应爻发动而生扶世爻，则对方有心见我，反之对方无意接待。当克而克则吉，不当克而克则凶，当生而生则吉，不当生而生则凶。吉凶全在五行作用，而不在冲合、刑害、生克表面。

二十九　占买卖

财福出现，买卖必利。

世应相生，交易可成。

［注］卦占买卖，惟要财福出现，如无不利。若是兄宫发动于上爻，必知地头不吉。凶杀泊四五，途路坎坷多。

财爻持世克身得利，发动克身亦利。外克内，应克世，易得财；内克外，世克应，难得利。

内旺相，外无气，其物先贵后贱。

财旺相，主贵，宜卖；财休囚，主贱，宜买。

兄财不利，鬼动贱发，月建临财则吉，官鬼临库，公财吉，私财凶。

卦有二身三身者，财当与人分共，本宫鬼化财可求，本宫财化鬼防失。

［疏］占生意买卖，妻财与子孙各有所主，妻财爻应吉主客户盈门，反之门可罗雀；子孙爻应吉则所获倍利，反之则本小利

微；如果兄弟爻应吉者，主店员销售有方，反之应凶则同行猖狂；官鬼爻应吉者，必获利颇多，反之则折本无数，做生意不顺赔本。

妻财爻为市场需求，如果妻财爻旺而有制化，弱而有帮扶，则门庭若市；世爻与应爻本为一，世爻为我之阴，应爻为我之阳，世爻具以兄弟为体现。兄弟爻应吉者，趋利易得。兄弟爻应凶者，有财难求。妻财爻应吉者，不愁买家。妻财爻应凶者，无人问津。妻财爻应吉宜购入，妻财爻应凶宜售出。兄弟爻为同行竞争，主与人分财，官鬼爻为利润，兄弟爻应凶为欺行霸市，官鬼爻应凶为罢市，亦主折本赔钱。

三十　占求财

财来扶世，求之不难。

财空鬼旺，千水万山。

［注］卦之占财，要财福旺相，无则不吉。世爻旺相克应，征索可得，财以克为索物也。故青龙上临月合吉神并世应，而六位有财可得。白虎临财己先嗔，临应他先嗔，比和则无关，鬼动则必经营也。应生世，虽无财亦可求；外生内，应生世，或比和不落空者，虽未有，尚有还财。子爻动彼自不还。死气财必长生日得。外克内卦宜出财，内克外卦宜入财。

［疏］占求财逐利，凡测某事，需六亲统论，至于深浅所用，宜在求测者意之所向，酌轻酌重。占问财利，以妻财爻为财源，兄弟为纳取，子孙为更贵更贱，官鬼为手段之高低，父母为万卦

之缘起。白虎临妻财应吉者，彼方必重契约；玄武临妻财应吉者，彼方必有备而来；勾陈螣蛇临妻财应吉者，彼方必守信；青龙临妻财应吉者，彼方必有谋划。比合，这里指世爻与应爻为同一六亲。论世应作用，需看世爻为何六亲，应爻为何六亲，世爻是否发动，发动者首论吉凶，作用世应者，论世应所临六亲定意向，不可只以生扶论吉，克泄耗论凶，适其性者为吉，逆其性者为凶。

占谋财官鬼发动应吉者，必然有利可图，如官鬼爻应凶，则本利皆无，官鬼为耗费之神，逐利折本。

论得失应期，以所论之六亲格局而论，某六亲弱于月建，吉凶应期必应在旺相之节气，有气之年日；反之某六亲旺于月建，吉凶应期必应在休囚之节气，无气之年日。例如妻财爻衰死之气，必应在长生之日得，妻财爻有气禄旺，必应在死绝之日得。

人为财死者愚，鸟为食亡者冥。六爻卦占财利，首论妻财之旺弱吉凶，此为财源之地；次论兄弟如何，兄弟为谋财之能，分财之兄弟；再论官鬼之气机，官为正义之神，秉持秩序。

［注］将本求利，须要财爻持世，应旺相，有气，乃大吉。财爻无气，虽有亦无多。财爻空亡，其财决无，尤防破失。财爻生旺可倍加，休囚减半。逢冲，将入手有阻。

空手求财，虽有财爻，却要鬼旺，方为全吉。如财爻旺相，卦中无鬼，虽财可求，实无可得。若有鬼无财，虽有高术，亦不得财。二者必用二全，方为大吉。父母化财，先难后易；财化父母，先易后难。财化兄弟，先聚后散；兄弟化财，先散后聚。

［疏］将本求财，需以妻财为地头，为彼之所需。占卦需妻财

爻旺而有制，弱而有帮，此为适其性者，必然门庭喧闹，趋之若鹜矣，反之门可罗雀，无人问津。妻财爻应吉，辅以子孙爻旺弱适宜者，则财利倍增，反之如子孙爻失宜者，虽有得而利微也。

如空手求财，无有本钱，需官鬼爻动静应吉，因为官鬼爻为他方得利，如官鬼对兄弟起坏作用，则无有约束兄弟者，则在内家业必分，在外众人分财；如果卦中妻财爻应凶，而官鬼爻应吉者，虽手段之高明，奈何巧媳难做无米之炊，财官必同吉，则凡谋必遂，钱财如意。

父母论准备，官鬼论难易。兄弟应吉而官凶者，先易后难；兄弟凶而官爻吉者，先难后易。兄弟吉而妻财凶者，先失后得；兄弟凶而妻财爻吉者，先得后失。

［注］前卦有财，后卦无财，速谋有得，迟则无。前卦无财，后卦有财，迟取方有，目下未值。财之多寡，须凭爻之衰旺决之。

子孙为财之源，若加青龙发动，不问财爻衰旺，决可求谋，乃大吉之兆。父母动则子受伤，不能生财。财源已绝，若遇白虎同登，凶。纵其财旺生合世爻，只许一度，不可再图。

［疏］前卦与后卦，主卦为前卦，变卦为后卦，外卦为前卦，内卦为后卦。六爻以六亲取类比象万事万物，易占以内卦外卦定当下与未来，内卦为我，外卦为他，内卦为本质，外卦为表象，以卦象类化社会万事，主卦为我，变卦为他同理。妻财爻为财源，兄弟为取舍，官鬼为手段。如妻财爻应吉为财源广阔，兄弟同时应凶，则财多身弱，难以自持，虚不受补；妻财爻应凶为财源匮乏，兄弟爻同时应吉，怎奈巧媳难做无米之炊；兄弟爻应凶，目下难以获取，兄弟爻应吉宜速速出手；妻财爻应吉获利在

当时，妻财爻应凶则昨日之黄花。至于财之多寡，全凭妻财爻旺弱制化之功，所临六神之生克。

[注] 世为我，若财来生我克我，皆吉，乃易得之象；若我克财爻，谓之克退，财静犹可，若动，如入下逐高，不能及也。若世安静，财爻发动，生我、克我，此财来逐我之象，决主易求。

看得财日，须与日辰合方得入手。若旺相之财，墓日可得；无气之财，生旺日乃得也。

[疏] 兄弟为同我者，所以论及我则必以兄弟。兄弟爻旺相于月建，妻财爻发动耗泄兄弟，则钱财易取；兄弟爻休囚于月建，妻财爻发动耗泄兄弟，纵使有财亦难求。妻财爻旺相有力，兄弟爻发动克制，则求财如探囊取物；妻财爻休囚无力，兄弟爻发动克制，亦身无所驻，群比争财，而无所得。

论妻财得失应期，妻财爻旺相有力，则成事在妻财爻休囚之节气；妻财爻休囚无力，则成事在妻财爻旺相之节气。这是万卦不变之提纲，旺宜制化，弱宜生扶，岂可一律以生旺论吉，衰死论凶。生旺有制化应吉，得生扶则凶；衰死有生扶则吉，得制化则应凶。

附注：至于世爻与应爻，只是六爻以世爻为阴，应爻为阳，建立一个二元阴阳体系，体现二元宇宙机制，并不具备应用人我意义。论及自我，以兄弟爻取之，兄弟兴有他爻制化，兄弟衰有他爻帮扶，则谋求易得，反之兄弟离心离德。

三十一　占博戏

博戏斗禽，福旺物真。

财为利息，鬼动不赢。

[注] 世应见鬼爻皆败，乃彼我不得地，世旺克应，我胜；应旺克世，彼胜。子孙妻财喜扶世，我胜。子孙旺相喜动。

或问：妻为我物，鬼为彼虫，如何取用？

答曰：此言斗禽虫也。若转变之事，则不一同专，要子孙持世旺相，或独发便赢；若鬼兄财爻动便输。要知当日，俱以时辰取福德言之。

要知取何爻财，但向五乡取，何爻若旺者便是，此捷法也。间爻动，冲撞多；兄弟动，多斗；鬼财动，必输。

[疏] 凡占博戏争竞，皆以兄弟为我之强弱，官鬼论输赢，子孙爻为运气，妻财为地头。占问博戏，如子孙爻应吉，则获胜终有日，反之落败必有时。兄弟爻应吉而官鬼爻应凶，纵然我有天般本事，怎奈时不我待，时也运也命也，损兵折将，赔本赚吆喝；兄弟爻应凶而官鬼爻应吉，田忌赛马，机谋而巧胜。妻财则为外部条件与环境，妻财爻吉则地利于我有利，妻财爻应凶则地利利于彼方。

妻财爻为我欲获取之物，官鬼爻为彼方，如占博弈，官鬼爻应凶者，彼方必胜我，官鬼爻应吉者，纵使兄弟应凶，我方亦可胜彼方。如子孙爻应吉者，纵使败落也是一时，子孙爻应凶，纵使获胜也是当下，必不久远。此言父母为人之性，兄弟为人之行，而子孙为人之心。性身心为做人之根本，性存道理能养德，身尽情理能安身，心存天理能立命，做人做事全在一心尔。博弈全在做人，父母言人之德性，兄弟言人之行为，子孙言人之善恶，官鬼言人之取舍，总宜以小而观大，见微知著。胜败全在自心，心善虽博弈败而犹胜，心恶虽博弈胜而犹败。

若要知如何取财，首看六亲父母。父母爻应吉者，以往精熟之行业，反之父母爻应凶，则为未知之生行尔。次论六亲之兄弟。兄弟应吉者，为己能驾驭之事业，反之应凶则为我技不如人，诸事都争竞。再次论六亲之官鬼。鬼爻应吉者，诸事可为，因为鬼为利，将本求利者首重鬼爻，官爻应凶则破败有日。

三十二　占出行

远行出入，财旺大吉。

鬼旺多凶，持身最吉。

［注］财为行李，子为喜悦。凡鬼爻持世，兄弟独发，鬼爻旺相，鬼墓贴身。游魂八纯，皆不可出行。

或问：游魂、八纯皆不可出行，如何？

答曰：游魂主忘返，八纯主宾不和，故不利出入也。

动宜行。世应俱动，宜速行；旁爻动，利行迟；八纯，不宜远行。世墓方大忌。

要看第五爻持世为紧，但宜财爻、子孙持世，或旺相动便好。

只怕鬼兄动。世爻化入墓，化出兄鬼，主有口舌，或主病。世空去不成，或动爻冲克世爻，便断此人伤我。如鬼爻，鬼贼官事。兄爻，口舌是非。父爻，船事不便，或文书等事。财爻动，当有财物之喜；子孙动，或化子孙，去有财喜。

[疏] 占远行，或出游，或某事，不占事体，只占行程路途吉凶，以妻财爻为地头为天气，官鬼爻为阻碍，兄弟为行程，子孙为运气。兄弟发动应吉，则出行在即，兄弟应凶则迟迟难以成行；官鬼为破耗之神，阻碍事体之条件，官鬼爻如应凶，则取消行程，或破耗多端，层层阻碍。

游魂卦暗指出行不归，八纯卦指爻位六冲，古人论逢此种卦不宜出行，此皆有失偏颇。出行与卦象无关，论卦象为易占范畴，六爻首重六亲以应事，卦爻作用以定吉凶。妻财爻应凶则人地生疏，官鬼爻应凶则破耗官非，兄弟爻应凶则遇人不淑，子孙爻应凶则运途不美。官鬼爻动静应凶，或病于路途，或遇匪人戕害。至于兄弟爻发动，旺而化墓则不忌，旺而化官鬼不忌，兄弟弱于月建而化官化墓则有奇凶。又兄弟为出行之首，妻财为所乘之舟车。妻财爻如应凶，不论乘何交通工具，皆主不吉。

三十三　占行人

行人用财，鬼动必灾。

应爻坐鬼，无透不来。

[注] 但以财为用，亲爻为行人，旁爻为音信，持世立至，远三日，近当日。财爻出现，旺相来速，休囚来迟。财爻伏藏，旺相，直日便至；旺相不直日未来。财爻出现，旺相直墓，月分方归。大忌应爻坐鬼，兄弟须是日，日辰透出安静，以财生旺日

到，乱动以父母生旺日到。

初爻为足，二爻为身，身足俱动来速，第三爻动，难得来。父母为信。

［疏］占行人，兄弟爻发动而应吉，宜出去寻找；兄弟爻静而应凶，宜坐等其归来。以六亲类象取用，如占长辈用父母；占平辈、朋友、同事用兄弟；占仆役、佣仆、内人、妻妾用妻财爻；占晚辈、后人、学生用子孙爻；占小人、仇敌、上级用官鬼爻。

妻财爻为相会，如占卦妻财爻应凶，则近在咫尺也难以相见，所以之六亲应吉，同时妻财爻亦应吉者，相见指日可待。论行人以官鬼为约定，官鬼爻应凶则毁约不见，应吉则如约而至。静卦依卦体格局以论之，乱动以变爻而论之，万变不离其宗，总离不开生克补益泄泻而已。至于相会应期，用爻旺相于月建而应吉者，墓库衰死之日可期；用爻休囚无力于月建，则禄旺之时日相会。

占行人以父母爻为知情，子孙爻为真相，妻财爻为讯息，官鬼爻为约定，兄弟爻为阻隔之神。如占卦父母爻应凶则我不知情，兄弟爻应凶则六亲阻隔，妻财爻应凶则音信皆无，子孙爻应凶则所知为假象，必被蒙蔽。

［注］或问：亲爻为行人，何为亲爻？

答曰：财爻也，乃本宫之财，非旁爻财也。旁爻之财，但为信，而本宫之财为行人。

又问：三爻动，如何难得便来？

答曰：第三爻化出财爻，乘旺相动，便到；世空，行人便至；应空未有归期。

占家亲，在外以墓为归，若爻神出现，无日辰刑克，行人可

火珠林

· 59 ·

待，若在远路，看用爻值月何建，以审行人，应空，过一旬，归魂卦世动，不来，或别处去。

［疏］亲爻，为所测之行人，具体何爻，以所占卦之人亲缘关系而论，具体以父母为长辈或师长，兄弟为合伙或同学，官鬼为领导或丈夫，妻财为妻妾或佣仆，子孙为小辈或贵人等。无论测何六亲，皆以妻财爻为会和，官鬼爻论阻碍。

以官鬼为第三爻，兄弟为第一爻。如官鬼爻应凶者，阴差阳错，相会无期矣。于世爻所临之爻，只代表求测者之意向，如世爻临子孙则心向往之，世爻临兄弟身将动，世爻临官鬼宜静待，世爻临父母有备无患，世爻临妻财沾亲带故等。

相会之期，用爻旺相于月建，休囚之节相见；用爻休囚无力于月建，旺相之节相逢。用爻有气宜墓库衰死年日；用爻无气宜禄旺之年日。

［注］凡占，必用爻三合日归，如子爻为用神，取辰日回，如不回，申日回，申子辰三合也。遇空不取。

若用入世墓，亦主回。应空有阻未至；世空便到。应持鬼去远。子孙、财爻持世，远三日、近二日便回。第五爻动出财来或子孙来，行人已在路上。

应动，行人发身了，亦看动出何爻。官鬼主有病；兄弟主口舌，或无盘费；父母动船中有事，主有信；财动便至；鬼爻旺相，官事担任。

［疏］凡自占出行，兄弟发动应吉，宜速速出发；如官鬼爻应凶则出而又返，或资费过多；兄弟爻应凶必改变行程，或难以承担资费，或他人捷足先登；父母爻应凶则改变计划，事前缺少

理论攻略；妻财爻应凶则目的地改变，必择异路而行。如代占六亲归期，官鬼爻应凶则更改原计划，兄弟爻应凶为行程受阻，妻财爻应凶为资费不足，或交通工具变动；兄弟爻应吉其人速至，官鬼爻应吉如约而至，妻财爻应吉所乘舟车便利，父母爻应吉则有备而来。

占行人，用爻应吉在外平安，妻财爻应吉相会有期，如占卦用爻吉而妻财爻凶，即使归来也难以相见，此为六亲统论之法，后学宜慢慢领悟，他日必有所成。六爻占应事之期，以用爻为主，用爻应吉，择应吉之年月，用爻应凶，择应凶之时日。臧否得失以用爻吉凶定，应期以用爻吉凶定方向，流年五行气运作用用爻喜忌定应期。远断年月，近断时日，皆以求测者所测之事，辅以生活现实而定。例如占某日出门，用爻以兄弟，应期以日时；如占公职，用爻以官鬼，应期以年月。根据占之事实际情理论应期，不可执一而论，宜活变。

《黄帝内经·五运六气》论流年六气五行：子午寅申年火值运，卯酉年金值运，巳亥年木值运，丑未年土值运，辰戌年水值运。四时八节五行当令：春季，寅卯木旺，巳午火相；夏季，巳午火旺，辰戌丑未土相；秋季，申酉金旺，亥子水相；冬季，亥子水旺，寅卯木相。寅卯时木旺火相，巳午时火旺土相，申酉时金旺水相，亥子时水旺木相。

用爻旺相取休囚之月时，用爻休囚则取旺相之年月，此为旺弱全在适其性者为补，反其性者为损，补益泄泻全在卦爻格局，如不论卦爻旺弱，何谈月建日建。

三十四　占逃亡

逃亡看世，失物看财。

财动物出，世动难来。

[注] 凡占人逃去，归魂自归，八纯卦在亲友家。一二三世易寻，四五世难寻。内动近，外动远。

占六畜、小儿，看子孙；失物，看财。应不动，财不动；兄不动，财不空。鬼不发或伏藏，可见之象。已上虽可寻，若卜得坤艮宫，财在大路，亦不能寻矣。

更问失何物，若失文书牌号，当以父母爻取。

或问：世爻动，如何难来？卜八纯卦，何故在亲友家？

答曰：外卦是六亲出现也。

又问：一二三世易寻，何也？

曰：一二三世，下爻去冲应，又外卦出现，故曰易寻也。

又问：世在五六爻难寻者？

曰：外卦伏藏也，游魂主去远，归魂主自归。

[疏] 凡自占他人逃亡，以兄弟为线索，妻财爻为六亲落脚之地，妻财爻应吉者，行人自归，兄弟爻应吉者，我有对方讯息，能够找到走失之人；占物品遗失，以兄弟为寻找，妻财爻为遗落之地，妻财爻应吉者，失物自然显露，同时兄弟爻如应凶，物体即使出现，也非我所有，虽有如无。

凡占行人及失物，妻财爻应吉者，失物去不远，反之妻财爻应凶，则行人远去，远遁他方；兄弟爻为讯息，兄弟爻应吉则我能找到失物，行人易知，反之兄弟爻应凶者，渺无音讯，我与行人及失物对面不相逢，失之交臂。

凡占六畜、田园收成、失物皆以妻财爻为用爻，占晚辈、贵人皆看子孙爻。官鬼为阻碍与难易，官鬼爻应吉则失物易找，官鬼爻应凶则失物难寻。如论及失物为何，以妻财爻所临之六神论之，临螣蛇为身边喜爱之物，临勾陈为随身常用之物或六畜，临白虎为无常之物或信物，临青龙为生活用具，临朱雀为怡情散志，临玄武为印信文书之类。

世爻发动，要看临何六亲，更看发动应吉应凶，方能定失物与行人去留。世爻临兄弟爻发动应吉，则为秀才学医；世爻临官鬼发动应吉者，老夫手段高明；世爻临妻财爻发动应吉者，失物自出行人自归等。至于难易以官鬼论之，能否得手务要首论兄弟。爻位与归魂游魂偶有应者，不足为论。

三十五　占逃亡方位

世宫为方，应宫为所。

归魂八纯，互换宫取。

［注］世爻之宫为方，一爻独发方可取方。归魂八纯以换卦宫取，乾互坤，坎互离，艮互兑。乾艮宫在山，坎近水，兑奴婢家。大怕鬼爻持世，应变出现鬼爻，乘旺相凶。

或问：世宫为方，何也？

曰：如天风姤卦辛丑持世，巽宫乃东南方也。

又问：应宫为所，何如？

曰：天风姤卦，应在壬午，宫在东南巽方，官人家也。

又问：归魂八纯，互换宫取，如何互换？

曰：如占得纯乾去，看空，逃亡人在西南坤方也。又如兑卦，往东北艮方寻，艮卦往西方寻，此互换宫方取。

又问：震巽离出外必无归？

答曰：震、巽属木，离属火，皆非藏之处者。下文乾坤艮兑而不及震、巽、离者，此也。震，芦苇中或舟船中；巽，匠人处，竹木处；离，窑冶处，古庙里。

世与内动在近，应与外动在远。用神出现，以旺为方；用神伏藏，以生为方。丑东北，辰东南，未西南，戌西北。

又断应与用同，应是兄弟，本贯相识人家；应是官鬼。有勾引人出去，或官司去处；应是父母，投亲戚家，或入手艺人家；应是妻财，奴婢、妓、弟人家；应是子孙，在寺观庙宇里。

［疏］占行人方位，妻财爻为行人安身之地，应以妻财爻取方位，更看妻财爻吉凶，以论藏匿深浅，妻财爻应吉者易显，妻财爻应凶者深藏，兼看妻财爻所临六神，青龙为街道，朱雀为闹市，勾陈为农田，腾蛇为庙宇，白虎为衙门，玄武为老林。之于行人逃于何方，妻财爻临亥子、辰戌丑未旺而应吉，弱而应凶者，必在南方；旺而应凶，弱而应吉者，必在北方。妻财爻临寅卯旺而应吉，弱而应凶者，必在西方；旺而应凶，弱而应吉者，必在东方。妻财爻临申酉旺而应吉，弱而应凶者，必在东方；旺而应凶，弱而应吉者，必在西方。

三十六　占失物鬼祟

阳鬼为男，阴鬼为女。

若是伏藏，返对而取。

［注］占贼占祟，以鬼阴阳为用；占主女男，看得何宫。如占贼，阳宫鬼出现，主男鬼，伏藏主女。阴宫鬼出现，主女鬼，伏藏主男。占祟，鬼无正形，但以支干取之。鬼动以单为少阳，拆为少阴，重为太阳，交为太阴。如分老少何人，但看应爻最切。

［疏］凡占失物鬼祟，皆以官鬼为用爻，取其阴阳变化，而论男女性别，以官鬼吉凶以论制裁。占贼盗男女，以动爻论之，如动爻为阳爻，则贼为男子。如阴爻发动，则为女子。阴阳与阳爻同时有发动者，取阴爻而论。若论贼盗相貌，以官鬼所临六神取之，青龙临官鬼应吉者，其人儒雅，应凶者残忍；朱雀临官鬼应吉者，其人面貌大方礼仪，应凶者相貌粗俗无礼；白虎临官鬼应凶者，其人五官不正，应吉者五官均衡；玄武临官鬼应吉者，其人才学内敛，应凶者无知愚钝；螣蛇临官鬼应吉者，厚重包容，应凶者报复量狭；勾陈临官鬼应吉者，其人古朴憨厚，应凶者固执欺压。之于贼盗年龄大小，以所临六神定，六神应吉者其人必年轻，六神应凶者，其人必为老贼。

［注］或问：若是伏藏，返对而取，何谓返对？

答曰：用返卦颠倒也，阳取阴、阴取阳之义。

又问：返卦时，何以知贼之巢？

曰：但向鬼生方寻之。

问：何以知鬼生方？

曰：但看财爻伏何爻之下，如姤卦，财伏子孙下，在西北方，僧道小儿处也。

又问：何以定获贼之日？

曰：看子孙旺日是也。

［疏］官鬼或他爻动而化阳，则其人必为男，如化而为阴，则其人必为女，此为取最终之阴阳变化。卦断六亲方位，以用爻所临纳甲地支定，如占贼官鬼爻为木，旺而应吉者，必在西方，旺而应凶者必在东方，官鬼爻为火者，弱而应吉者必在南方，弱而应凶者必在北方，其他仿此。

子孙爻发动应凶者，目下未明，子孙爻应吉，则擒贼指日可待。子孙爻休囚无力，则或贼在子孙爻旺相之月令，子孙爻休囚，或贼在子孙爻休囚之月令。

三十七　占贼盗

若有两爻，可别单拆。

忽有独发，邻中可测。

［注］卦有两爻鬼者，以单拆分取之。六爻中一爻独发，亦可取。父母为老，子孙为幼，兄弟为男，妻财为女，官鬼横恶，占贼过犯人。

［疏］占贼盗如卦中官鬼现两爻，则首取阴爻。如官鬼或者他爻有一爻独发，则以变爻定男女，变爻为阴此为女贼，变爻为阳必为男盗，兼看卦爻格局，则精准无误。之于贼盗内外，看何

爻发动而定，兄弟发动为内鬼作乱，官鬼爻发动必为外贼，父母爻发动为内亲，妻财爻发动为外戚。父母爻与官鬼爻发动贼必老，兄弟、子孙、妻财发动贼必年轻。

［注］或问：若有两爻，可别单拆，如何别之？

曰：一卦两爻鬼，以单为阳人，拆为阴人。如俱为拆，只是阴人，鬼化鬼，乃过犯人也。

以应爻为主，财为财，鬼为鬼，出现最急，旁爻为次。凡财出现于五爻之下，不动可见。

非鬼为贼，独发爻亦可取。若有鬼为贼，更取日干为主，分辨老少。

［疏］卦中官鬼爻两现者①如安静俱为阳，贼为男子，安静俱为阴，贼为女人；如两现一阴一阳，取阴爻为准，如有动爻发动，则以动爻论男女。鬼化兄弟应凶者，为初犯，鬼化鬼应凶者，为累犯；鬼爻所临六神定长幼，如鬼爻临龙虎、朱雀应吉者为贼盗年轻，如官爻临螣蛇、勾陈、玄武应凶者，为贼盗年老。

占贼盗失物，以兄弟为我，官鬼为贼，妻财为失物，子孙为明了，父母为知情。占失脱首重官鬼，次看兄弟，再次论妻财。

［注］凡占六畜，只以子孙为用，父母动则休矣。

凡失物专看财爻，本象要旺相不空不动，可见；如财爻空了、动了，是出屋也。更无气，决不可见。

［疏］凡占六畜②以妻财爻为用，兼看兄弟。失物专论妻财，妻财爻如无气而受制，有气而得生助，则失物损毁，或隐匿，近

---

① 其他爻仿此。
② 六畜：马、牛、羊、鸡、犬、豕。

在咫尺不相逢。

[注] 官鬼为贼，子孙为捕捉，兄弟为众，父母为衣服、文书，财为失物。

如子孙旺相，其贼必获；子孙无气或空，难获。鬼爻空，决寻不见。

六爻无鬼安静，非贼偷去，乃自失也。

财在内卦安静，旺相，物不失，必在家中；内外俱有鬼，偷与外人；鬼克世爻，主蓦然撞见贼赃；鬼刑世，主贼再来，必有所损，宜防之。财化鬼，妇人为贼；子化鬼，小儿或出家，偷盗；鬼化鬼，过犯人拿；父化鬼，掌文书或老人为盗；兄化鬼，相识昆仲为盗，有多伴。

[疏] 占贼盗失脱，以鬼为贼盗，官为捕捉，子孙为明细，妻财为失物，父母为已知。子孙爻动静应吉者，他日必然白于天下，贼必擒获；官鬼爻应凶者，贼必遁去，官鬼爻应吉者，必是主人遗失，非贼盗所为。

妻财爻应吉者，其物完好，反之损毁；兄弟爻应凶者，必有内鬼；官鬼爻应凶者，必有外贼；父母爻应吉者，贼必有马脚露出；官鬼爻临白虎应凶主反复，兄弟应凶必有所损；兄弟与官鬼同时应凶者，必是群贼作案。

三十八　占鬼神

休囚为鬼，旺相为神。

本象家亲，他宫外人。

［注］六爻定体：六爻：公婆、家亲、佛道；

五爻：父母、口愿、土神；

四爻：叔伯、土神、半天；

三爻：兄弟、门户、境神；

二爻：夫妻、土地、家神；

初爻：小口、灶君、司命。

［疏］凡占鬼神者，以父母为圣人，子孙为神，兄弟为贤人，官鬼为仙，妻财为道。父母爻应吉者为圣人，应凶者为愚痴畜生道；子孙爻应吉者为神人，[①] 应凶者为地狱众生，贪婪而自私；兄弟爻吉者为贤人，贤人舍己为人，应凶者为鬼道众生，互相凶残戕害；官鬼爻应吉者，为仙人，专司例律例刑罚，应凶者为魔，残忍妒忌。

如占信仰修行，专论六亲以明之，以父母爻为了道，兄弟爻为行道，子孙爻为悌道，妻财爻为转道，官鬼爻为成道。上文所言以官鬼而论，官鬼爻在初爻应吉者，在六亲为晚辈，在供奉为灶君与司命；官鬼爻在二爻者，在六亲为夫妻，在供奉为土地与家神；官鬼爻在三爻应吉者，在六亲为兄弟姐妹，在供奉为门户

---

① 神者无我，悌道足为神。

与境神；官鬼爻在四爻应吉者，在六亲为叔伯，在供奉为土神与半天；官鬼爻在五爻应吉者，在六亲为父母师长，在供奉为口愿与土神；官鬼爻在六爻应吉者，在六亲为公婆与家亲，在供奉为佛道与道教。

[注] 五行鬼：金木，横死；土，时疫；火，劳血；水，落水。

八纯卦：艮，五圣；震，天神；巽，木神；离，火神；乾，功德；坤，家神；坎，落水；兑，口愿。

五乡独发，克日克世取之，各有两义：

父母家先，子孙小儿，妻财妇婢，兄弟阳人，官鬼横恶，已上随爻。

或问：本象家先，他宫外人，何也？

答曰：本象鬼动是家亲，旁爻鬼动是外人。假如乾卦壬午鬼动是家亲；大有卦己巳鬼动，是外人也。

问：土鬼何也？

曰：此乃当处灵验之鬼，俗谓之神者也，旺相为神，休囚为鬼，动爻克世克日，亦可取祟。

《易林》云：察祸推其鬼处，还将身配六亲，相克相生，便见祸之端的。

[疏] 五行占鬼道众生，金木主刀兵伤残，土主瘟疫与横祸，火主意外伤亡，水主短寿。以卦宫论神鬼，艮，五圣；[1] 震，天神；巽，木神；离，火神；乾，功德；坤，家将；坎，圣人；兑，仙家。占卜何方神圣，如父母独发应吉为祖上先人；子孙爻独发应吉为少亡之晚辈；如逢妻财爻独发应吉为婢妾阴人之流；

---

[1] 儒家五圣：孔子，颜子，曾子，子思，孟子。

兄弟独发应吉者为平辈之男人；官鬼爻独发应吉者为当家之人。如独发之六亲应凶，则为冤家回头，抱怨之冤亲而来，如独发之爻应吉者，必是报恩之六亲登门，为还债而来。

官鬼爻临本卦宫发动为本象，官鬼爻临他卦宫而动为外人，例如乾为天午火官鬼发动为家亲，火天大有外卦离卦巳火官鬼发动为外人。又问，土鬼为灵验之鬼神，官鬼爻值四土纳甲，如应吉则为报恩之鬼，如应凶则为抱怨之鬼神。官鬼爻如发动克制世爻，取其喜忌而定，如兄弟爻旺则喜官鬼发动以克之，如兄弟爻休囚则忌官鬼爻发动克制。兄弟爻因鬼动应吉则所做皆成，兄弟爻因鬼动应凶者，为邪祟祸端将至。

［注］附六神：

青龙：善恶、经文、醮祀、庙香。无气带刑，自缢死。

朱雀：花幡、口愿、符命、灶神。无气带刑，劳死鬼。

勾陈：天曹、勅士。无气带刑，黄病路死鬼。

腾蛇：夜梦、惊恐、上许下保福。无气带刑，夜梦见鬼。

白虎：金刘神、作犯白虎、刀伤鬼。无气带刑，刀伤鬼。

元武：上真、北阴神。无气带刑，落水阴鬼。

凡祭赛有三，如祀上帝，即取藏爻中鬼神祇，当用月建；神堂家庙，当用日辰。皆要生合卦身，不宜刑冲，亦不要动爻克害刑冲。如合生，福利而吉；若带刑冲，反招祸。卦爻中鬼自化入墓，必有不了再牵之患。

［疏］凡祭祀者，如祀上天，取官鬼爻与月建，如官鬼爻休囚取生旺之月建，如官鬼爻旺相则取休囚之月令；如祭祀神堂家庙，则看日辰为主，官鬼爻休囚者，取有气之日，官鬼爻旺相

者，去无气之日。如违逆生克制化之原则，旺而取生，弱而取克，则反招祸端。如卦中官鬼爻有气发动应凶者，此灾难祸患必日久不散。

三十九　占词讼

举讼兴词，要官有气。

若是被论，休囚却利。

[注] 凡下状论人，官爻旺相出现，必赢；若占被论，官爻休囚，鬼爻持应，世爻克应，子孙持世，反得理，吉。若代占人坐狱，忌世下坐鬼，鬼墓持世，凶。但鬼爻动，便不可与人争，财动拆理，亦不可讼。

[疏] 占词讼纷争，以兄弟爻为诉状，官鬼爻为法官。无论原告或被告，均要官鬼爻应吉，如应凶必然输官司，且有破财之事；如官鬼爻应吉，官司可赢，如子孙爻同时应吉者，指日可待，执法清廉公正。如替人代占官司，则需论替何六亲，如长辈论父母，晚辈论子孙，平辈论兄弟，妾妇佣仆看妻财，领导上司看官鬼等，代占皆要所测之六亲应吉，如应凶则官司必输。

[注] 或问：代人占坐狱，忌世下坐鬼，代占看应，何故反看世也？

答曰：此理最微，人所不测，宜于是有疑。唯世下坐鬼，便去冲应合应，故主离脱。汝若不信，请以六十四卦取之。

又问：如何财动拆理？

曰：财为理，财动便主理亏，盖财能伤文书，文书既被伤，安得有理？

又问：财化财如何？曰：虽有理而不胜。

问：官化官如何？曰：推移，主有诈伪事在后。

问：父化父如何？曰：事重叠，迟迟未决。

问：子化子如何？曰：主干连小口。

问：兄化兄如何？曰：主对头争执。

[疏]或问，凡代占卦，皆论所代占之六亲以定，因我所摇卦之卦内六亲，皆为我之六亲，兄弟为我之行为，官鬼为我之原则，子孙为我之理想，父母为我之学识，妻财为我之喜好，怎可为代占之人的六亲呢？后学不可不慎。

占官司，父母爻为知情，父母爻休囚逢财动应凶，则我不知情；父母爻旺相逢财动应吉，则为我知情。情理看兄弟，法理看官鬼，知情看父母。财发动化财应吉者，证物充分；官发动化官应吉者，虽事有重迭，执法严明；父母发动化父母而应吉者，内幕为我所知；子孙发动化子孙应吉者，执法公正；兄弟发动应吉者，诉状掷地有声。

[注]凡外有客鬼持世，主必遭亏，更有罪名；父动克世，因勾惹之事。世空，自散宜和解；应空，词讼没期程。

凡世持鬼、鬼动入墓，卦中无财，必在狱中死。

凡卦爻变鬼，刑冲家身世，主徒流之罪。

如金爻是鬼，刑克身世，化死墓绝，必主死罪官事。不宜官鬼动，动则看来生合冲克世应，以定彼此吉凶。

[疏]凡官鬼发动刑克兄弟，而兄弟爻又休囚于月建者，此为官司缠身，官兄同时应凶者，不惟破财更需坐牢，如再逢妻财

爻应凶，必无有资粮，病饿而死在牢房。官鬼爻与妻财爻同时应凶者，必然判刑流放到远方。如子孙爻与官鬼爻同时应凶者，必然重判，如所临六神亦同时应凶，重罪难逃。

四十　占脱事散忧

脱事散忧，子孙旺相。

世动自消，不成凶象。

[注]凡占脱事散忧，要子孙旺相出现，或子孙独发。世爻动，亦自散。忌应爻克世，鬼爻旺相独发，凶。

[疏]凡占忧愁运塞时低，皆以官鬼爻为关隘，子孙爻为解忧脱事。官鬼爻应凶则祸不单行，子孙爻应凶则时运不济。子孙爻能克官鬼爻以成立，官鬼爻应凶者，破散在目下。如子孙爻应吉，则时来运转。如子孙爻亦应凶者，贫败交加，无有出头之日。子孙爻凶则贪婪短视，见利忘义。官鬼爻应凶则反复无常，行为乖戾。

[注]或问：世动自消，不成凶象，何也？

答曰：只是世动，我可脱，如财动，利乾货之义。

又问：世动出官鬼，如何？

曰：世动只是迟滞难脱，主亦无事，若占论何日出禁，须要得日辰冲散六害方出。如世爻持未，得丑爻动，或日辰是丑，当是丑日出狱也。身爻世爻被太岁冲、生、合，有赦也。

[疏]占脱困，兄弟爻应吉为目下自在，如官鬼爻应凶，终难解脱。如妻财爻发动应凶者，为久困之地，难以脱身，官鬼爻

应凶为交易失败，官司缠身。

兄弟爻发动化官鬼，如兄弟爻应吉则志向得伸，如兄弟爻应凶则君子久困，纠纷缠绵。若占问何日脱困，则以官鬼爻论之，官鬼爻休囚而应吉，则生旺年月起，官鬼爻旺相而应吉，则死绝年月起。如官鬼爻应凶，则无有脱困之时，唯寄希望于子孙，子孙爻应吉者，腾飞有日，子孙爻应凶者，一世无明。

[注] 假令有人占推役与人，要世空，子孙独发，旺相，又要官鬼空，或官入墓绝，应持鬼好。若世生官，凶，难脱，破财。官鬼动化出，同。

且如疑一人阻我事，要占是他否，专看应爻持财。子父并安静，不是，空亦然；应是官鬼，或化出兄弟，是此人也。

[疏] 假令欲脱官身，或脱责，要官鬼爻应吉能解脱，同时兄弟应吉能脱身，子孙应吉能海阔天空，若官鬼应凶则破财，子孙爻应凶则贫，兄弟爻应凶则贱。

如怀疑有人阻碍我行事，以官鬼爻决之，兼看子孙吉凶，如官鬼爻应凶，则定有人从中作梗，同时子孙爻应吉，则终见天日。

四十一　占疾病

凡占疾病，应药世身。

若坐墓鬼，病主昏沈。

[注] 卦有三墓：宫墓、鬼墓，以世为身，忌生鬼爻。本宫墓鬼得之者，主自身合灾，暴病未可，久病必死。

以应为药，忌坐鬼爻，旺相凶。本宫墓鬼得之，主无药，服药不效，大怕申酉爻持世，占病重大忌，木爻独发，鬼爻旺相、伏世下，旺爻动克世。

[疏]占疾病，本为中医所长，虽医易同源，易重社会伦理规仪，医重五藏六腑安和，以有限之占卦去应对浩瀚之中医学理，无异于傻狗撵飞禽，缘木求鱼尔。勿以彼之短逞彼之长，是什么就做什么。

凡占病以官鬼为病，兄弟为药，但要官鬼爻应吉方可免灾，兄弟爻应吉则可有药，妻财为后天将养。以下为占病之一，妻财爻应凶则诸湿肿满，兄弟爻独发而应凶者，诸风掉眩，子孙爻应凶则诸痛痒疮，父母爻应凶则诸寒收引，官爻应凶则喘咳痰血。鬼爻颠倒，则大限将到。

[注]或问：卦有三墓，何谓三墓？

答曰：如天风姤卦，旁爻丑持世，乾宫属金墓在丑，此是宫墓。如中孚卦，世持辛未，艮官属土，以寅木为鬼，木墓在未，此是鬼墓。如泰卦，甲辰持世，坤宫属土，以亥水为财，水墓在辰，此是财墓。

问：何谓得之？

曰：得之者，世爻上逢之也。世为我身也，凡墓爻故主自身合灾也。暴病未可者，墓滞也，故未可。久病必死者，病久气衰，而又入墓，岂得不死？

又问：何不言财墓？

曰：财墓吉兆，故以财言之，若占妇人，逢此须大忌。

又问：鬼爻旺相伏世下何也？

曰：世为我身，鬼伏世下，是病随我，所以忌之。

［疏］"墓"者，决绝也。"墓"即阴阳离绝，无形之魂与有形肉体剥离，称作"墓"。这是人生历程十二节律①之一，是人体阴阳分离之时，此后临"绝"。"绝"者，回复也，也就是一阳回复，少阳重回有形之肉身。"胎"者，形也，即有形肉身成型。"养"者，能也，即阳气增长，以聚元气。兄弟爻为我之生命过程，如临"墓"关，则是人死后三天之内，这三天无形之魂从有形之肉身剥离，佛称此为"活龟剥壳"，之后七到四十九天不等，为"胎"期，肉身轮回，积蓄坐胎成型。切莫听信俗师以"墓"为坟墓，这个"墓"，指的是有形有情、万物阴阳剥离之时，万不可望文生义。

久病父母爻凶则必死，新病官鬼爻凶则必亡。死为阴，亡为阳，死为肉身生化作用结束，亡②为阴阳离绝，人故去之时，先死后亡。

［注］**看鬼伏何爻下，于金木水火土分辨之。伏父母，忧心得，或动土得，或往修造处得。鬼伏兄弟动，失饥伤饱得，或因口舌气上得。鬼伏子孙动，因牵惹得，或欲事太过得。鬼伏财，饮食得，或买物件得。官鬼出现，惊恐怪异，或寺观庙宇中得。土下伏土，疮肿；火下火，手足；金见金，闷乱；木下木，寒热；水下水，冷疾；金下火，喘满；阳宫财动主吐；阴宫财动主泻。鬼爻现外，金鬼爻伏里，主心腹病。鬼在内动，下受病。鬼在外动，上受病。用爻同。**

［疏］占病看官鬼所临何五行而定，此为占病之二。官鬼爻

---

① 又称十二长生。
② 亡通墓。

临亥子水，为烦心或大恐而得，此病源于愚痴；官鬼爻临寅卯为嗔怒或惊惧所得，此病源于责恶太过与孝道有亏；官鬼爻临巳午为憎恨与过喜所得，此病源于贪婪无悌；官鬼爻临辰戌丑未为抱怨与忧思过度所得，此病源于多疑无信与无廉；官鬼爻临申酉为恼与过悲所得，此病源于侮慢不忠。

［注］土动主泻，木动发寒，金动四肢或满闷，火动发热。木主足，金主头，土主胸腹，火主手目，水主耳肾。飞伏俱旺相，飞为起因，以伏为受病。又世为动爻，在内下受病，应为动爻，在外上受病，间爻动，主胸膈病症。

《易镜》云：且如长男受病，宜纯震之不摇，小女染病，则兑卦之不动。大忌申酉持世，木爻独发者，申为丧车，酉为丧服，木为棺椁耳。

［疏］辰戌丑未土发动应凶主湿邪痹症，寅卯木发动应凶主肢体不仁，[①] 申酉金发动应凶主痰喘咳嗽，亥子水发动应凶主重在腰膝酸痛，巳午火发动应凶主心悸、短气。

飞伏注解，主卦不见之六亲，在卦宫内找，卦宫找出之六亲称作"伏藏"，[②] 与"伏藏"爻位对应之原卦六亲称作"飞爻"。飞伏本无吉凶意向，也不发生作用，因为无论主卦六亲均现，还是主卦六亲有缺，纯卦伏藏皆在。就像白天属阳，夜晚属阴，当白天的时候，阳气显而阴藏。这个显与藏，无有吉凶意义，不能说白天阳显了，那么夜晚的阴就应凶了；或者说白天的阳，生克晚上的阴。宇宙自然是五行分主其时，春三月则万物以动，夏三

---

① 四肢屈伸不利，能伸不能屈病在肝，能屈不能伸病在肾。
② 伏者复也，藏者无形，伏藏只与原卦重迭之六亲；飞，飞者显也，即显现之六亲。

月万物显明，秋三月则万物肃杀，冬三月万物以封藏。此为四时五行当令，不代表五行吉凶。

如自占生死之事，官鬼爻应凶则寿终，妻财为棺椁，官鬼为孝服。六亲类象则以兄弟为家兄，妻财为外戚，官鬼为朋友。

四十二 病忌官鬼

以财为禄，以鬼为祟。

鬼爻旺相，独发大忌。

〔注〕凡占妇人病，喜子孙旺相，持世，安静；忌财伏鬼下，兄弟持世，兄弟独发。世克应，内克外，主吐；应克世，外克内，主泻。

或问：妇人病占喜子孙旺相、世安何也？

答曰：此即用财以子孙辅之义。忌财伏鬼、兄弟持世，即用财伏兄之义。

又问：内克外何故主吐？

曰：内为腹、外为口也，外克内主泻。

〔疏〕禄者食禄也，财为养命之源，为后天之本，为我之身形所驻，在外则为妻妾。凡占卜病体，以妻财爻为纳取，为后天食禄，官鬼为寿终，妻财爻应吉则后天依恃有饭，官鬼爻应凶则寿不得终。

占妻妾之病，以妻财爻为用爻，兼看兄弟，妻财爻旺相喜兄弟以克之，妻财爻休囚忌兄弟发动，兄弟发动子孙动而能解兄弟之克，此为通关。

四十三　病忌父兄

主爻伏鬼，或伏兄弟。

或伏父母，旺相大忌。

[注] 乱动之卦，只取主爻，大抵休囚、伏兄弟、父母、官鬼之下，克世者死。盖兄无食，父母无药，官鬼真病。凡得八纯、游魂卦，病者决主沉重，占小儿主死。

[疏] 凡占小儿之病，以子孙爻决之，兼看父母爻，如子孙爻旺相有力，则喜父母爻以克之，反之子孙爻休囚无力者，忌父母爻以发动，此时兄弟同动可解。《周易》占卜以卦象为万物取向，六爻法以六亲为万事之本，二者虽都具有六个爻位，但《周易》占卜论上卦与下卦，每一卦之三爻为一整体，① 如有拆分单爻则失去八卦意义，无所谓八卦了；而六爻所用为六亲，六亲源于单爻位，论单爻位则脱离卦象本体，所用六爻法与易占有本质区别，万不可混用。

[注] 或问：主爻伏鬼，伏兄、伏父之下？

曰：此即财伏兄，财伏父母，官伏兄之义，举一隅，则三隅反矣。

又问：八纯、游魂、归魂卦，占病沉重，占小儿主死，何也？

曰：此三卦，世持父母、官鬼、兄弟，或子孙伏父母下，占大人病重，占小儿病死。

---

① 天爻，地爻，人爻，三才构成后天世界。

［疏］飞与伏藏本无作用，无论主卦六亲是否全现，每卦皆有伏藏之六亲，何以独论主卦六亲不全而论飞伏呢！

如自占病体，总以妻财为后天饮食纳取，官鬼为病之深浅。六爻以六亲吉凶定万事取舍，占病取官，占祸取兄，不可以八纯卦、游魂、归魂论病体之轻重，令伏藏卦卦皆有，怎可用之断吉凶？

四十四　占医药

以应为医，以子为药。

鬼爻旺相，大忌独发。

［注］夫卦之疾病，以用为主，以鬼为病。

［疏］夫占卦论病，以"用"为主，此处用有二，全在占卦者意之所向尔。其一，代占六亲疾病，以所测之六亲为用爻，例如占母亲以父母爻为用，占子侄以子孙爻为用爻等；其二，自占病体，以心之所求为用爻，例如占问药剂以妻财为用，占问生死以官鬼爻为用等。

［注］金鬼，肺腑疾、喘嗽、气急、虚怯、瘦瘠，或疮痔、血光，或筋骨病。

木鬼，四肢不遂、肝胆主病、右痪左瘫、口眼歪斜。

水鬼，沉塞、痼冷、腰痛、肾气淋沥、遗精、白浊、吐泻。

火鬼，头痛发热、心胸焦渴。加朱雀，狂言谵语、阳症、伤寒、呕逆。

土鬼，脾胃发胀、黄肿虚浮、瘟疫时气。

［疏］金官鬼，肺腑疾、喘嗽、气急、虚怯、瘦瘠、或疮疥、

血光，或筋骨病。

木官鬼，四肢不遂。肝胆主病、右痪左瘫、口眼歪斜，风症，眩晕，抽搐颤抖。

水官鬼，沉塞、痼冷、腰痛、肾气淋沥、遗精、白浊、吐泻。

火官鬼，头痛发热、心胸焦渴、加朱雀狂言谵语、阳症、伤寒、嗝逆、吐血、衄血、溃烂疼痛。

土官鬼，脾胃发胀；黄肿虚浮、瘟疫时气。

[注] 凡占病，必察用爻，占父母，必要父母有气。纵遇凶卦，但主沈重，不致丧亡，若用爻空亡及不上卦，更逢凶杀，决主不起。用爻无气，若得旁爻动来生扶，此同生旺，决无咎处。若凶杀临父母，或父母空，便可言双亲有病，诸爻皆然。鬼爻持世，沈重，绝日轻可。鬼化鬼，其病进退，或有变病，或旧病再发，或症候驳杂，一卦二鬼亦然。鬼爻持世，病难除根，鬼带杀持世，为瘵病难脱体，乃养老病矣。

[疏] 凡占病，先取用爻，于外即所代占之六亲，于内即脏腑所安与辨病条理。其一，因官鬼为病，以官鬼所临之纳甲吉凶取病，如临木则内应肝胆，如临火则内应心与小肠，如临土则内应脾胃，如临金则内应肺与大肠，如临水则内应肾与膀胱。其二，兄弟官鬼为生死，脾胃主将养调理，父母为元气盛衰。之于代占六亲疾患，占长辈则看父母爻吉凶，占平辈兄弟与朋友则看兄弟爻吉凶，占问子女晚辈则看子孙爻吉凶，占问妻妾内人、仆役、外戚则看妻财爻吉凶，占问丈夫则看官鬼爻吉凶取之。若夫用爻旺相于月建，则喜泄耗以损之，反之用爻休囚无力于月建，则喜生扶，增益其所不足。如用爻旺相而得生助，休囚而被克泄

耗，其病必无所医治。既然残喘，何须问药？诸爻皆然。

［注］又问：六神临鬼爻何解？鬼爻值五行存变何如？

青龙临用爻，或福德爻，其病虽重，终可疗。青龙空亡，卦无吉解，病凶。

白虎临父母当损，若值财上妻遭伤。子孙际遇终成否，兄弟逢之亦不昌。更并官爻临世上，自身须忌有灾殃。

金鬼不宜针，木鬼不宜草木，水鬼不宜汤饮汤洗之类，火鬼不宜灸熨，土鬼不宜服丸药。

金鬼可灸，木鬼药方，火鬼带服寒剂，水鬼宜服热剂，土鬼宜服木药。

金鬼利南方，木鬼利西方，水鬼利土值，火鬼利北方，土鬼利东方求请医者。

又，丑鬼不可牛月，未子孙当食羊。

鬼爻在内，病自内生；鬼爻在外，灾自外至。火鬼必在南方；金鬼必在西方，道路生灾，又为主胸，金鬼则病在肺家，逢火作脓，见木生风，遇蛇虚闷。

［疏］六神①本身无有吉凶意向，不可见龙言吉，见虎而言凶，此为短视愚见尔。青龙是甲乙，白虎是庚辛，甲乙庚辛，何有吉凶呢？吉凶全在五行作用，而不在字面。青龙应吉，则病程自短；青龙应凶，则多病。白虎应吉，则其病必愈；白虎应凶，则反复发作而难愈。

针灸，针为泄法，灸为补法，病在寒凉则宜灸法，病在温热则宜针法，唯在五行生克条变之法。

---

① 甲乙主青龙，丙丁主朱雀，戊土主勾陈，己土主螣蛇，庚辛主白虎，壬癸主玄武。

官鬼临木过宜西方医治，官鬼临金过宜东方医治，官鬼临火土过宜北方医治，官鬼临水过宜南方医治。以上如五行官鬼爻不及，则宜在本五行方位。

四十五　占家宅

家宅吉占，专用财福。

财旺子空，当无嗣续。

[注]卦之家宅，专用财福，上卦如无财福，便是平常之宅。无刑冲克制，有青龙龙德临宅，乃是大吉之家。以内三爻为宅，逢乾强盛，遇坎则陷，逢艮则止，遇震则动，逢巽则摇，遇离则丽，逢坤则静，遇兑则说。若阳长则吉，阴长则消。

[疏]六爻占家宅，以妻财爻为主，辅以兄官。妻财爻应吉为养人之宅子，上下和睦，其乐融融。兄弟应吉，兴家立业，兄弟齐心。官鬼爻应吉，则无有祸患，家庭秩序井然，兄宽弟忍，忠孝传家。反之妻财爻应凶，则六亲有失亲和，关系有如冰炭，破家亡身；兄弟爻应凶者，兄弟分家另过，兄弟失和，家业将倾；官鬼爻应凶则祸起萧墙，家业败落。六爻以六亲类化万事，纳甲作用定吉凶得失，而卦象取舍，那是易占的范畴，不是六爻所能及的，不可兼用。

《梅花易数》占家宅，专论坤卦，坤卦吉则六亲安，离卦吉家门余庆，巽卦吉兄弟和，震卦吉主事一人，乾卦吉治家有方，兑卦吉朋友兴，坎卦吉则富甲一方。

[注]以印绶为堂屋，妻财为厨灶，子孙为廊庙，官鬼为前

厅，合亦为门，冲乃为路，五为梁柱，上为栋墙。旺相为新，休囚为旧，青龙为左，白虎为右，朱雀论前，玄武为后，腾蛇论中。

水爻有水，木爻有木，遇艮有山，逢震有路，父母为桥道坟墓，子孙为寺观庙宇。官鬼旺，则讼庭官族；休囚，则军匠客墓；妻财带吉，则富室豪门；伏官则赘夫招婿之家。逢吉生合身世则吉，逢凶刑克身世则凶。

父母持世承祖居；父母化财，必出赘；财爻空或动，难享现成；父母空或身动，难招遗业。

[疏] 印绶即父母爻，以父母爻为堂屋与书房，妻财爻为厨灶与卧室，子孙为廊庙与供奉，青龙为路，白虎为厅，官鬼为前厅与客厅，兄弟官鬼同为门，官鬼偏于外门，兄弟偏于内门；兄弟爻为路为外墙，官鬼爻为折为布局；兄弟爻为梁柱，妻财爻为檩材；诸爻应吉者为新建，诸爻应凶者为破败。

六神与十二地支方位：寅卯为青龙东方，巳午为朱雀南方，申酉为白虎西方，亥子为玄武北方。丑为北方，辰为东方，未为南方，戌为西方。

六亲纳甲占地理：亥子水爻为河流深沟，寅卯木爻为风口高山，未戌土爻为低平农田，申酉金爻为平川。又父母爻主坟墓与祖屋，兄弟为道路与菩萨，子孙爻为庙宇与财神，官鬼爻为路口与家仙，妻财爻为房屋与田地。

凡占家运，兄弟爻应吉则家业兴起，子孙爻应吉则后代人才显赫，妻财爻应吉则阴人得力，富甲一方，兄弟爻应凶则需入赘，官鬼爻凶则为离娶之家。父母爻应吉必出学问或富甲之人，兄弟爻应吉则后人立志生贵子，子孙爻应吉则势力非常，妻财爻应吉则广置田产，官鬼爻应吉则治家有方。

生扶或克泄皆以用爻格局而论，寒暖宜燥湿以就之，辛温宜酸凉，适其性者为吉，逆其性者则凶，旺宜泄之，弱宜补之，此为万世不变之规，后学宜多加揣摩，万不可执一论道，以偏概全。

四十六　占人口

福应生世，为我后裔。

兄动财空，断不可继。

〔注〕卦之人口，阳多则男多、阴多则女多。以父母为家主，以官鬼为丈夫，以妻财为妇人，以子孙为小口，以兄弟为同气。财动伤尊，父动子忧，子动官伤，官动兄弟愁苦，兄弟独发又为克妻之兆。妻在内，则住近。卦有二财，必主兄弟。子在外，则招迟；爻属水，当主数一。

〔疏〕占家庭人口，子孙爻应吉，为后世显赫；如占卦得兄弟爻与妻财爻俱凶者，则后继无人；兄弟爻应吉为儿子多，官鬼爻应吉者为女儿多。父母爻为母亲，官鬼爻为一家之主，官为丈夫，妻财爻为妇人，子孙爻为后代，兄弟爻为姊妹。妻财爻发动克制休囚之父母爻，则祖上有伤；父母爻发动刑克无力之子孙，则晚辈堪忧；官鬼爻发动克制休囚之兄弟，则兄弟愁苦不顺；兄弟发动克制无力之妻财，则妻妾有克。

妻财爻应吉生子必多，如妻财爻旺相有力，喜兄弟发动以克制，反之妻财爻休囚而逢兄弟克制，则生子必迟。之于子女数目，以子孙爻所临之纳甲而定，亥子水为一六，寅卯木为三八，巳午火为二七，申酉金为四九，辰戌丑未土为五零，具体数目增减以卦爻旺弱制化而论，旺相得生扶则生子必少，反之必多；休囚而得生扶生子必多，反之必少。

[注]卦无父母，占人寿命弗延；爻无妻财，兄伯贫穷是准，有子孙龙喜而无父母者，其家有游子，白虎临，而出僧道巫觋。有财而无官者，钱财必耗散，朱雀临，而习呼唱赌博。有鬼无子，多怪梦而绝嗣。有鬼无财，主疾病以多端。父祖有官，必逢禄马贵人；本身有艺，定是亲神全木。

[疏]占六亲身命家庭，父母爻主身寿，官鬼爻主官禄，妻财爻主六亲圆满；自占命父母爻应凶，寿限难延；妻财爻应凶者，六亲有如冰炭；兄弟爻应凶者，多难而手足相残；子孙爻应吉，家门出显赫之人，如青龙临子孙而应吉者，后人立志，因青龙主志行，但父母爻应凶，则后人如无根之草，虽一时之显赫，难免名落孙山；兄弟爻应吉同时妻财爻应凶者，家必出他乡立业之子，如临白虎而应吉者，则行事有道，做事必圆全；妻财爻应凶而兄弟应吉，必有出离之志，临危受命；妻财爻临青龙而应凶者，家有巫医神汉；妻财爻应吉而官鬼爻应凶者，纵有万贯之家财，也必将耗尽；兄弟临青龙应凶者，必争竞好赌之人；朱雀临子孙而应凶者，必出贪婪之名伶；官鬼爻应凶，而子孙爻又无力制约者，子嗣乏力，纵生子也败家，纨绔之后；妻财爻应凶而官鬼爻应吉者，虽家贫而有节度；妻财爻应凶而官鬼爻亦凶者，则贫病交加，破败无常；祖上余德必是父母爻旺弱应吉，本人薄技随身，必是官鬼爻应吉。

四十七　占起造迁移

起造移屋，财静人安。

鬼发招祸，迁动俱难。

［注］起造移屋，要子孙财爻旺相出现持世，忌官鬼、父母、妻、子、兄弟独发，凶。父母为尊长，兄弟为六亲，妻财为妻奴，子孙为鬼女，官鬼为凶殃，已上独发，论之看克何爻取之。如占住屋居，第二爻动，住不久远。若脱屋求财，利二爻动，官在第二爻动，必可脱也，不动难得脱也。

或问：财静人安，则动便不安，何也？

答曰：盖父母为宅，财动便克父母，所以不安也。

又问：第二爻动，住不久远，何也？

曰：第二爻为宅，宜静不宜动也。

［疏］占阳宅起造迁移，以妻财爻为用看宅，官鬼动静吉凶论平安，兼看兄弟论起造与迁移，妻财论起灶，官鬼论祸祟。兄弟发动应吉宜速速搬家；妻财爻发动应吉，去旧迎新之旺宅；子孙爻发动应吉，喜气盈门；官鬼爻发动应吉，宅运平安；父母爻发动应吉，有旺气之宅。反之，兄弟发动应凶，搬家需谨慎；妻财爻发动应凶，新宅不利六亲；子孙爻发动应凶，宅运没落；官鬼爻发动应凶，祸起萧墙；父母爻发动应凶，宅无风水。又父母为尊长，妻财为佣仆下人，兄弟为一家之主事，子孙为小口，官鬼为宅主。看何爻发动应吉应凶，以六亲征验其事，则百无一失。之于六亲爻位属性不足取，以六亲吉凶论卦，每卦必验。若

搬出旧宅入新宅，如求功名则论子孙，求读书论兄弟，求钱财论官鬼，^① 求子论父母，求妻妾平安则论妻财等。

如有预售卖房屋，喜兄弟爻与妻财爻同时应吉，则房屋易卖，妻财爻应凶则无人问津，兄弟爻应凶则房屋破败。

妻财爻为用不论安静与发动，安静应凶者难罹其祸，发动应凶不利六亲。占阳宅以妻财爻为宅子，父母爻为风水。妻财爻应吉，宜久住之宅，反之宜速速搬家为上；妻财爻发动克制父母爻，如父母爻休囚无力者，则此宅不宜老人，如妻财发动克制父母，而父母爻旺相有力者，则老人延年益寿。之于动与不动，搬家与否，则以兄弟爻主之。兄弟爻发动应凶，则宅子风水再好，我亦不留。如妻财爻应凶，则屋宇残破，我亦任之。

［注］附阳宅：鬼墓方为圣堂，子墓方为牲畜，财墓方为仓库，绝为厕，兄墓得直方水生旺处为井，应为屋，鬼为厅，福为廊，财为房屋橱柜，兄为门。身持兄得，五事俱全，不可空，无空冲克，上等屋也。内有一爻被冲克，主有损坏，得空为妙。

［疏］占阳宅以六亲应八方，六亲配阳宅以官鬼为堂屋；子孙爻为院子；妻财爻为家畜，为粮米与仓库；父母爻为厕所；兄弟为路与水井；又官鬼爻为客厅，子孙爻为窗户阳台；妻财爻为房屋与橱柜厨房；兄弟爻为门与过道。凡六亲应吉则房屋新或者正用，六亲应凶则应房屋破败或者弃之不用，哪一爻六亲应凶，则专论其不足。

［注］或问：如爻在初爻，一层屋，二三爻阔远，四五爻楼阔远，上爻者，深远，重叠屋也。如他爻变出爻，屋分两处，父

① 官鬼又为破败之神。

空二地；地变鬼或伏鬼下，非公吏舍，必是官房，不然有病人，有此象当招口舌，或招官司。父在上，未住，在下，现住。凡卦身或空，未住；身并，现住。身值鬼，屋下有伏尸。将屋脱钱，要财旺身衰，喜父空，要冲克财合身为妙。不喜化出财爻，克害为凶。

［疏］以妻财爻为房屋住宅，妻财爻所临爻位与几间房屋楼层没有关系，易占论爻位更迭以应万物生灭过程，卦象组合以论万事万物，八卦组合论得失；六爻术以六亲类象万事万物，纳甲作用定吉凶。易占与六爻术，虽然都由两个卦组成，但其理论构架天壤之别，不可混用。官鬼爻为正宅，妻财爻为住处，官鬼爻应吉者，则连甍接栋。官鬼爻应吉则家有官人，或者井然有序，如鬼应凶则家出祸患或者病人，官司破败，家有祸祟；凡兄弟安静而应吉，又恰逢妻财爻应吉，此为久住之房屋，如兄弟发动而应吉，则搬家另住，兄弟爻应凶，纵有广厦千间，无福消受。

［注］或问：内卦二爻为宅，看动：金动公事至，木动风水恶，土动生瘟气，水动傍河不吉，火动于闹路中，口舌，静吉。

外卦六爻看动：兄动夫妇不团圆。父动上人多忧，阴小六畜，子动爻旺喜事重重。官动灾祸难言，财动难为大人，女人不正。

［疏］纳甲吉凶应事，如寅卯发动应凶，则此宅风水不好；申酉发动应凶，则应公门官事，或者散财；亥子水发动应凶，不宜近水或者深渊居住；巳午火发动应凶，不宜居闹市或者四面开阔之地；辰戌丑未发动应凶，主瘟疫或难治之症。

六亲动静应事，兄弟爻发动应凶，则夫妻感情有异；妻财爻发动应凶，为夫妻难以团聚，或为六畜不安；父母爻发动应凶，为老人堪忧；子孙爻发动应凶，小口不吉，发动应吉者，喜气临门；官鬼爻发动应凶，主灾祸将频至。

四十八　占耕种

父衰财旺，收成有望。

爻值福乡，花利千仓。

［注］卦之耕种，专要财福上卦，最忌鬼值五位，收成不利。世克应，仓廪实；外克内，仓廪虚。又，初爻为田，鬼克，田瘦薄，难植作。二爻为种，鬼克主再种。三爻为生长，鬼克主不茂。四爻为秀实，鬼旺多草费功夫。五爻为收成，鬼克主不利。已上惟土鬼克不妨。六爻为农夫，鬼克主有疾病。

金鬼旱蝗，火鬼大旱，水鬼水灾，木鬼耗捐。一卦两鬼，两家合种。年丰必须官鬼空亡，大抵财爻宜旺，不宜落空则吉。金财旺相，早禾倍收。土财旺相，晚禾丰稔。金土二爻虽不临财，但遇吉神，亦准可论吉。

［疏］凡占耕种农事，皆以妻财爻为用，辅以兄官。妻财爻为田地与桑植，兄弟为耕种，官鬼为变动。妻财爻应吉桑植茂盛，田地富饶；兄弟爻应吉则风调雨顺；官鬼爻应吉则收成有望。妻财爻旺弱应凶者，田地贫瘠，物产不丰；官鬼爻应凶则重复耕种，田园败落费功夫，田禾无收；兄弟爻应凶灾害频发，桑植不茂；兄弟为农夫，鬼凶则农人误工。爻位与六亲类象没有任何关系，六爻只以纳甲作用定吉凶，六亲以类化万事万物。

四十九　占蚕桑

财旺福兴，占蚕大吉。

爻鬼交重，不赛终失。

[注] 卦占蚕事，先看定值。鬼爻持世不吉，有财有子为佳印。鬼动当远赛，兄动则有损，子孙木火大吉，亥子湿死，金土白福，土乃半收。安静则吉，发动不利。

[疏] 凡占桑蚕六畜，大宜妻财应吉，桑蚕必丰；子孙应吉，则占有天时；鬼动应凶则劳无所获，宜远离为上；兄弟应凶者，天灾人祸。之于六亲所临纳甲，以妻财爻所临之地支为准，妻财爻临寅卯应凶不宜东方，妻财爻临申酉而应凶者，不宜西方养殖，其他仿此。

五十　占畜养

旺财相福，牲畜有益。

虎动鬼兴，必防损失。

[注] 卦之畜养，须论定体。端要财福上卦，如无不利。鬼持初爻，鸡鸭不吉；官坐五爻，牛马难安。参合六神论断。

诸爻最忌兄弟、官鬼。如鬼值上爻或曰五爻为主：金鬼牛极瘦，木鬼脚疼或腹风，水鬼散，火鬼触热，土鬼发痒瘟黄。

逢所属木命爻临财福，无伤则吉。且如兄鬼临三爻，本为不佳，却有亥爻本命临财福，吉，亦不为害，余仿此推。

[疏] 占畜养与桑蚕同理，即兄弟为饲养，妻财为牲畜，官鬼为变动。占畜养总要兄弟有力受制，妻财无气得帮扶，或者兄弟无力得帮，妻财有力受制，兄弟爻应吉饲养得力，妻财爻应吉六畜平安，官鬼爻应吉饲养有方。之于六神，青龙临妻财应吉，适宜饲养圆毛之兽类；朱雀临妻财应吉，适宜饲养扁毛之飞禽类；白虎临妻财爻应吉，适宜饲养壳类昆虫之属；玄武临妻财应吉，适宜饲养鳞类水族；勾陈螣蛇临妻财应吉，适宜饲养无毛之动物。

五十一　占渔猎

福兴财旺，前程可望。

财鬼虚临，山枯海旷。

[注] 卦之渔猎，以世为主，以财为物。财子俱见，旺相大吉；财值四爻，兔豕堪遇；鬼临六爻，虎豹须防。震棒、巽弓、离网、艮犬，克财者宜用之。若财爻值断，如巽鸡、艮豹、震兔、坎狐、野豕、兑羊、乾虎、离雉、坤羊之类。

内克外，内旺相，世克应，得青龙财爻动，不空亡，物可得。恶杀临财旺相，发动、克世，主有兽伤，凶。

[疏] 占渔猎为生，妻财爻为山林猎物，沟渠海河之鱼蟹，兄弟为捕猎。凡以渔猎杀生取财之行业，皆不可取，虽得一时之财利，但被宰杀之牲畜悲鸣四起，冤业难消，所以自古君子远离庖厨。占捕猎妻财爻为猎取之禽兽与鱼蟹之类，兄弟为驱逐，占卦如妻财爻应吉，则猎物丰富，兄弟爻应吉，则出手可得，官鬼

爻应吉，则收获颇丰；反之妻财爻应凶，山枯海竭，无功而返。兄弟爻应凶，渔猎不是己长。官鬼爻应凶，不惟无有收获，还需防自身有伤。至于猎获何物，以前一章节六畜篇论六神取之，即以六神临妻财爻而断，青龙临妻财为圆毛兽类等。

五十二　占坟墓

安坟立陵，福旺家兴。

鬼旺宜火，葬防后人。

［注］以鬼为尸，要无气；父母为坟，皆宜静。以财为禄，以子为祀，要旺相、出现、持世。世为风水，应为棺椁，皆宜静。

［疏］但凡占坟冢，朱雀为朝向，玄武为靠山，青龙为左卫，白虎为右护，勾陈为案山，螣蛇为祖山。凡安坟立陵，总要父母爻有气应吉，父母爻有力而应吉者，一世之富有，父母爻有气而应吉者，子孙后代之功名。官鬼爻为丧葬，官鬼爻应凶则发起重葬，或冲克族人，形成重丧之事。妻财爻为墓地，妻财爻应吉则墓地为有生发之基，妻财爻应凶则为贫败之地，地气全无之所。

［注］或问：旺相宜火之说？

曰：鬼旺只是不利，故宜火化，不宜葬也。阴宅先论墓地，次论卦身，要有财福世应，有气相生为妙。未葬时，外亡内塚，[①]相克吉，不要官鬼旺。已葬后，内亡外塚，相生鬼旺，亡人安。鬼为亡身、为塚，若定塚穴高低，如卦身在初二爻，葬在低处；

---

① 外卦为亡人，内卦为坟冢。

在三、四爻，葬在平处；在五六爻，葬在高处。若地位方向，以卦宫长生定之。如坎宫地在北方，坎水长生居申，其穴宜在申上，余仿此。

占葬年，如身在卯，[①] 酉年占，卯数至酉成七，不七年，或卯酉二七十四年，或用月数，如变爻冲卯爻，必地既狭窄，无气同。

〔疏〕去世之老人以父母爻为用，无论父母爻旺弱吉凶，以妻财爻为所葬之地，妻财爻应吉者，宜土葬，妻财爻应凶者，宜火葬，皆因妻财爻主地脉风水，风水有气者土葬，则后代承蒙福荫，如妻财爻应凶则地脉无气，如土葬，则后代去福，而火葬则骨骸能量已去，无论葬于何地，对后人影响甚微。官鬼爻为亡人，官鬼爻应吉则亡人安，又官鬼爻为坟冢，官鬼爻旺相受制，坟宜低矮，官鬼爻休囚得生助，坟宜高大。之于葬于何地，总以妻财爻为用，妻财爻旺相受制，宜葬于低处，妻财爻休囚得生助，宜葬于高处，妻财爻有气无气皆宜葬于平川。坟墓朝向以子孙爻为用，视其纳甲所临何地支而论，如子孙爻旺而应吉，宜纳甲相反方为朝向，若子孙弱而应吉者，宜纳甲正方向为朝向，例如占丧葬丙午月、癸酉日，得乾为天卦，初爻子孙子水弱而应吉，所以坟头朝向为子水方，子水正北，丑土寅木东北，卯木正东，辰土巳火东南，午火正南，未土申金西南，酉金正西，戌土亥水西北。安葬择日，全在六爻变通，兼参考世俗风气，如不能择日，就择时以应对，如为火葬者可以择年时。择年时总以十二长生为用，以父母爻为用。父母爻无气者，择有气之年时；父母爻有气者，择无气之年时。

---

① 身，卦身。

五十三　占朝国

世应相得，君臣用心。

六位无克，万国咸宁。

[注] 世为帝王，应为功臣，本宫为都。内外比和、旺相，天生圣主，刚柔动静有常，地出奇材，最宜吉神，切忌大杀。

[疏] 占国朝大运，子孙爻为君主，兄弟为功臣，官鬼为宰相，大宜三者同时应吉，则国泰民安，天子有福，民不遭难；国有良相，天下得安；国有能臣，不得外辱。妻财爻应吉，则天下富庶，丰衣足食；父母爻应吉，则道德学问，世人推重；官鬼爻应吉，则依法治国，法理公正；兄弟爻应吉，则国民仁爱有加；子孙爻应吉，则崇尚礼教。

[注] 金为兵戈忌动，土为城垒宜安，水为泛滥，火为炎晴，木爻风恶，吉神为瑞。震离坎兑为四方，艮坤二卦为中土。

五爻为至尊，加吉神太岁，仁慈之主也。带杀白虎，暴虐之君也。与吉神生合，必亲贤任能，远佞去奸。

初爻安静，吉神持世或生世，万民悦服。

本象二爻为侍臣，带吉神，左右必得贤人；加凶杀者，多奸邪便佞。

四爻会吉神克世生世，必上忠君，下安黎庶。

子孙为储君郡主，宜旺相不空，若大杀动刑冲克，恐有废立之患。子孙在初爻动克三爻或世者，士庶民有上书直言利害；在二爻动，必有才德舌辨之臣入朝上封事；在三爻动，有贤能诸侯

谒门直谏；在四爻动，左右近臣必尽忠死诤也。

[疏] 兄弟为争端兵戎，妻财为城池。妻财爻临纳甲辰戌丑未土而应凶者，为大雨滂沱，涝灾难免；妻财爻临亥子水纳甲而应凶者，为雹灾与大雪封山；妻财爻临寅卯木而应凶者，为风灾与蝗灾横行；妻财爻临巳午火应凶，为赤地千里；妻财爻临申酉金应凶者，为寒霜雾露所致。

震卦正东，巽卦东南，离卦正南，坤卦西南，兑卦正西，乾卦西北，坎卦正北，艮卦东北，以上为八卦后天方位。后天八卦为后天应用，所以具八方属性；先天八卦为先天秩序，本无方位，而具六亲对待。六爻占卦应事方位，以六亲所临纳甲而定，如午火弱而应凶必在北方之类。

《周易》爻辞之说以五爻为君位，六爻纳甲占以子孙为君位，子孙爻应吉则君子贤明，为开明之君，万人敬仰。子孙临玄武而应凶者，君王必昏聩无知；临白虎而应凶者，君王必残暴而乱国法；临青龙而应凶者，君王必冷酷嗜杀。子孙临朱雀而应吉者，必主明君而天下文明；临螣蛇而应吉者，则民风淳朴而诚信。

占国朝以妻财爻为黎民百姓，妻财爻应吉则民资必丰；兄弟爻为战争，兄弟爻应吉则天下太平；官鬼爻为吏治，官鬼爻应吉则法治严明。又兄弟爻为能臣，如兄弟应吉，则边疆安稳，无人敢窥伺我朝；有官鬼为贤臣，官鬼应吉为国有良相，不愁国之兴旺，治国有方。又兄弟为侍臣，如临凶神应凶必有奸佞之宠臣；又兄弟为储君，兄弟爻应吉者，人才辈出，有安国之后；又兄弟为谏议直陈之臣，应吉者必有刚直不阿之良将，直言进谏，而不惧权贵；官鬼爻为忠臣，应吉者必有安邦之相，辅佐明君。治国有四，礼义廉耻者，国之四维！礼者文明天下，义者吏治政法严明，廉者尚俭也，耻者智慧学识。

五十四　占征战

出兵交战，鬼贼财粮。

鬼旺彼胜，子旺我强。

[注] 以鬼为彼贼，以子为我军，子孙旺相，必获全胜，出现宜先，伏藏宜后，内凡鬼爻旺相或是独发，或持世身，大败之兆。若六爻安静世旺克应，必胜。

[疏] 占征战，以兄弟为我军之先锋，官鬼爻为对方之大将，子孙为时势为道义，妻财爻为粮草军需。官鬼爻应吉为胜利之师，子孙爻应吉为出师有名，妻财爻应吉粮草充足。如官鬼爻应凶则必然败北，兼子孙爻应凶则无有挽回之机，身败名裂；兄弟爻应凶则损兵折将，妻财爻应凶为弹尽粮绝。

[注] 父母、城池、濠寨、旌旗；子孙为兵将军马；兄弟为辕门惊恐伏兵；官鬼为敌兵刀剑。

世应空亡，主和；世空我军弱；应空征兵退；世爻被鬼冲克，我军不利；兄弟独发，凶。

鬼去爻中，兄弟化出官鬼来合世爻身，主有奸人在军中，世下伏鬼亦然。

凡变爻冲克子孙，主损名将。冲克财爻，并财持世落空，主粮受困。刑克父母，主战船城寨有失，指挥号令大不宜。冲克官爻，彼贼必败。

凡卦中动火刑父母、克父母，必然火烧宫室，火冲克财，主火焚粮草。又财为仓库，如近子近我军，近父近濠塞，近鬼近贼所。又父母塞位方，如坤宫西南方也。

［疏］父母爻为兵书战策，为储备之军；妻财爻为城池，为粮草军备；子孙爻为旗帜，为名义；兄弟为伏兵，为我之驻防；官鬼为敌方之将军。官鬼爻应吉，有讲和之机；应凶，则于我军不利。兄弟爻应凶者，为敌军之内应；官鬼爻同时应凶，则对方里应外合，大败我军。

占征战者，凡子孙爻应凶，为我军主帅有惊；兄弟爻应凶则主将有损；妻财爻应凶粮草堪忧，为城池不守；官鬼爻应吉则克敌有方，敌方不战自败；兄弟爻应凶我军无能征惯战之将军；子孙爻应凶我军士气不振，出师不利。官鬼爻应凶者，久攻不克，敌军善战，我治军无方。妻财爻为营地，妻财爻临朱雀应凶，为火烧连营，又为粮草焚毁；兼兄弟爻发动应凶，则为粮草被袭。至于粮草被袭方位，以妻财爻所临之纳甲吉凶而定。如占卦亥月占卦乾为天，妻财爻寅木旺而应凶，则被袭一定在东方或者北方，盖因东方为木之本宫，北方为木之生旺宫。

五十五　占天时

若问天时，须详内外。

互换干合，方明定体。

［注］仰观天象者，干；俯察地理者，支。先看内卦有合无合，次看外卦定体。甲己化土，阴云；丁壬化木，生风；乙庚化

金，作雨；丙辛化水，必雨；戊癸化火，主晴。内外无合，次明定体。定体者，看外卦取，独发论变。乾日月星，坤沙石雾，震雷霆电，巽风，离晴，坎雨，艮阴，兑甘泽。

[疏] 凡占天时，在天以成象，为寒暑燥湿风；在地以成形，为金木水火土。如在天为风，万物以动，在地为木，催生万物；在天为暑，万物以散，在地为火，万物以热；在天为燥，万物以规律，在地为金，万物以规范；在天为寒，万物以聚，在地为水，万物无形；在天为湿，万物以传变，在地为土，万物以形。甲己化土，为大雨滂沱；乙庚化金，为雾露漫天；丙辛化水，为雹雪；丁壬化木，为黄风飓风；戊癸化火，为赤日千里。此以妻财爻所临纳甲天干而定，吉者应时应事，自然调和之象；凶者连绵数日，灾害频临。

如以卦象论，此为易占范畴，六爻不做参考。乾兑卦为雾露弥漫，震巽卦为漫天大风，离卦为晴赤日干旱，坤卦为阴雨连绵，艮卦为沙石，坎卦为雹雪。

[注] 或问：互换干合，如何互换？

答曰：甲日占得离卦，甲己合，则主阴云也；壬日占得兑卦，丁壬作合木，木世主生风，此化气也。若内外卦不与日干合，看外卦以十干求之，以日干落在何宫。假如己未日占得大有卦，日干落在离宫，主晴；己日占得既济，则日干无所落，便可断阴云矣。

[疏] 互换干合，指的是占卦日干与纳甲天干所合化五行之气，例如，壬日占卦的兑卦，兑卦内卦丁巳、丁卯、丁丑，日干壬与纳甲丁合化木。

五十六 占天道晴雨

每日之事，十干要精。

壬癸动雨，丙丁管晴。

[注] 庚辛雨后晴，或次日便晴。壬癸连雨难晴，有风方止。甲乙作雨不妨，丙丁日月晴明，戊己阴云不定。辰丑动雨，未戌动晴。内动速，主昼；外动迟，主夜。

[疏] 占自然天气，戊己土主阴雨连绵，庚辛则主雨过天晴；甲乙为风，戊己为云，有风云方止；丙丁主晴朗，辰丑日主风雪交加，未戌主晴天或者雾露；妻财临甲乙则断风，临丙丁断晴，临戊己断大雨，临庚辛断雾露，临壬癸断雹雪。

[注] 或问：十干动，阴晴如何看？

答曰：如水火既济，己亥持世，便断阴晴不定。财为晴，午火财却伏在己亥水下，水旺则主雨。火旺或支辰透出午，则便断晴。但要机变，取时言之。配以六亲，百发百中。若不精熟，则不能通应矣。

[疏] 如何断气候变化呢？妻财爻为自然，取十干纳甲临妻财爻而定气候。妻财临甲乙而应吉者风调风和，妻财临丙丁而应吉者日丽，妻财临戊己而应吉者雨顺，妻财临庚辛而应吉者万物应节而变，万物一片肃杀，妻财临壬癸而应吉者白雪千里，万物蛰伏潜藏。

又问：如何取时日？

曰：假如乙日占震卦，则遇辰巳时方晴，乙庚化金作雨，却缘戌土财持世，又庚辛雨后晴，缘辰巳时天干见庚辛，此两个时，不能雨止，过辰巳时，主午时方晴。如丙日占震卦，虽庚戌持世，不能作雨，缘日干丙字克去庚，不能生水也。

［疏］气候变化如何断时日应期？以妻财爻所临纳甲地支旺弱吉凶而定，如戊戌年癸亥月占天气得坤为地，五爻亥水旺相于月建，那么雨雪必在亥水无气之日，占时辰以亥水休囚之时应，应在寅卯、巳午、未戌时辰。其他同理。

［注］又问：辰丑动雨，未戌动晴？

曰：辰是水库，丑中有癸，故此二字动，值戊己不为阴云，而必阴雨。未戌动晴者，未中有丁，戌是火库，故此二字动，值戊己，不为阴云而化晴矣。

又问：内动主昼，外动主夜？

曰：内为阳，外为阴，昼夜之道也。

［疏］辰丑为寒，未戌为热，故辰丑临妻财应雹雪，未戌临妻财应大雨滂沱。墓者亡也，为阴阳离绝，库者存也，为有形，墓库为阳气剥离所驻，只剩有形，绝非所谓的火库水库之说，望文生义贻害后学，断人慧明！足可鉴也。

［注］又问：未戌动主晴，而癸日占得坎宫地水师，如何入雨？

曰：未戌动晴，以其中有丁火也，今戊戌化癸亥，癸字克了丁火，日后又逢是癸，并去伤了，岂得不雨？

［疏］未戌主晴，辰丑主阴，不外寒热往来。如癸日占天气得地水师卦，三爻午火妻财临朱雀，朱雀临午火应吉则赤日炎炎，应凶则阴雨连绵。

［注］又问：癸亥日占得坎之蒙，亦是癸日，如何却晴？

曰：未戌动晴，以其有火也，今戊戌化丙子，是戌之火已透出来，日辰癸亥与上戊寅合住，不能伤丙，所以晴也。

［疏］癸亥日占卦天气得坎之蒙，三爻午火妻财，五爻戌土与上六子水发动，如午火为旺格则必是晴天，如午火为弱格则必阴雨。

［注］又问：壬癸动雨要言克日定时取验，何如？

曰：如六月甲辰日占雨得乾之大壮，当日申时雷雨骤至，此壬癸克日定时，何以知之？乾为天，震为雷，外卦震，内卦乾，岂得无雷？第五爻壬申亲爻动，日值甲辰，夜半生甲子，晡时壬申上透出本宫动爻，故应在申时也。

［疏］久旱无雨，未月甲辰日占的乾之雷天大壮卦，二爻寅木妻财临朱雀，申时五爻申金当令，克制寅木得雨。

［注］又问：丙申日占得乾卦，壬戌持世，如何壬癸不得雨？

曰：戌中有火，透出丙字，如何得雨？

［疏］占天气丙申日的乾卦，二爻寅木临勾陈，勾陈本主大雨，如寅木应吉则有雨，如应凶则晴天。

［注］又问：丁酉日占阴晴，得坤卦，此癸酉持世，如何亦不得雨？

曰：本主雨，却缘日辰丁酉，贵人在酉，故丁日见世爻五癸，世在酉，是败财之内，癸水退让于丁火，岂得不晴？

［疏］又丁酉日占阴晴，得坤卦五爻亥水妻财临玄武主雨雪，如妻财爻应吉则有雨雪而下，如应凶则应风和日丽。

［注］鬼动雨，变出子孙，晴。应落空，晴不久。应克世财，晴。父母生世雨，又动克子，亦有雨。

［疏］占天气子孙为晴天，官鬼为阴晴不定，官鬼爻应吉则风

调雨顺，官鬼爻应凶则雨雪交加，气候变换不定，寒暑燥湿不节。

[注] 财为晴，父为雨，兄为风，子为云雾，在冬为雪，官鬼为雷，冬春为雪，夏为热。专看本象要旺，持世本宫。

[疏] 妻财为漫天阴雨，父母夏季占为冰雹，冬季占为大雪，兄弟四季为风，官鬼为大雾弥漫，霜露骤降，专看本象与妻财而论，本象主性质，妻财主发生，分为论之，和而取之。

[注] 要知何日雨？

曰：父母长生日，帝旺或值日便有雨。何日雨止？绝日空便止，余仿此。

[疏] 如论风雨阴晴，以旺相休囚而论，旺相者取之在休囚时日，无力者取之在当旺生旺之时。

[注] 要知何日风？假如兄属寅为东北风，亦要看当时日辰天干为紧，外卦有动，看变出者，若是水爻出现，便有雨。

[疏] 如断何日阴晴变化，则以五行纳气论，例如妻财爻寅木为风，旺相于月建，必应在衰死之时，寅木如休囚于月建，大风应在禄旺之时。

五十七　占射覆

覆射万物，表里各异。

以财为体，以鬼为类。

[注] 财为表，鬼为里。财鬼出现，表里皆有。有表无里，外实内虚；有里无表，外虚内实。财鬼俱藏，轻虚之物。

［疏］凡占问射覆，^① 以财为物件本体，官鬼为机关，财为表，父母为内里，子孙为显微。父母爻应吉者为封藏实体，应凶为清虚之物；官鬼爻应吉为规则之物，子孙爻应吉为精美之物，妻财爻应吉为身边使用之物。

［注］或问：表里各异，何也？

答曰：以财为表，以鬼为里，有表里皆有者，有有里无表者，此所谓异也。

又问：方圆、长短、新旧如何定之？

曰：阳卦主圆，阴卦主方，应旺主新，应衰主旧，世应被克空虚，世应相合圆物，世应比和长物，世应相生方物，相刑克尖物，相克冲损物。

［疏］又以妻财为表，父母为里。妻财爻应凶为表实，父母爻应凶为里虚。妻财与父母俱凶，为废旧无用之物件；妻财爻应凶为圆，应吉为不规则。子孙爻应吉为方形，应凶为圆形。官鬼爻为尖锐规则之物。

［注］鬼值八卦：官鬼在兑乾，金、玉；在震巽，竹、木；在坤艮，土、石；在坎，鱼、绵水货；在离，丝绵绡；在坤离，又为文书、布帛、专数之物。

［疏］易占占射覆，乾兑为三边尖锐之物，震巽为长物，坤艮为多边无有固定之形，离卦为丝绵轻质之物。

---

① 射，猜度；覆通复，返还之意。射覆为通过八卦方法，猜度返还未知事物本来面目的意思。

五十八　覆射物色

以官为物，为色为形。

若居四土，可分重轻。

[注] 以官为色，出现正色，伏藏旁色。伏财能食，伏子能用。伏父能盖载，伏兄不中，更以金木水火土分之，动亦可取。

[疏] 占射覆以官鬼为正形，子孙为颜色。子孙临亥子水应吉为黑色，临辰戌丑未应吉为黄色，临申酉金应吉为白色，临寅卯木应吉为苍青色。子孙与妻财吉为形色俱佳，兄弟爻应吉为正用之物，父母爻应吉为金铁密致之物。

[注] 或问：以官为色，出现正色，伏藏旁色，如何？

答曰：即官鬼出现是男、伏藏是女，反对取之。官鬼为正物，随五行取之。应为表，为皮毛；世为里，为形状。阳为天，主圆；阴为地，主方。应在外主长，应在内主短。应旺相主新，应休囚主旧。子孙为色，财旺能食。表受刑克则虚，落空亡无皮；里受刑克则无，落空亡无里。形圆受刑克，月破日破，不圆。方受刑克，月破日破，不方。子孙动，物有足，兄动有皮，财动物可食，父动物有生气，官动不中。五乡一乡不入，亦可取物色。

[疏] 占射覆物体，以父母爻论新旧，以兄弟爻论应用，官鬼爻论形质与损毁，子孙爻论五色，妻财爻为形质。凡子孙爻应吉为正色，应凶为反色；妻财爻应吉应正五行之形，应凶应反形。官鬼爻应吉为完整，应凶为损毁残缺；兄弟爻应吉为正用，应凶为无用之工具。又妻财为日用之物，为饮食粮米；兄弟爻为做活

之器具，子孙爻为装饰饰品，父母爻为经书与金银贵重金属。

[注] 合则圆，扶则长，生则方，克则损，刑则失。以内卦为地，外卦为天。青龙论左，白虎论右，朱雀观前，元武看后，勾陈世爻管中。

覆射者，须定服色事理。如金爻动在乾者，内赤外白而方圆。

[疏] 旧注云，水正形圆，木正形直线，火正形方，土正形多边，金正形三边。五行旺极与弱极则必反，水弱极则火，火弱极则水，金弱极则木，木弱极则金，其形亦随之而变化，不可拘泥一偏而废大道。青龙为左为东方，朱雀为前为南方，勾陈遇螣蛇为上下四方，白虎为右有西方，玄武为后为北方。射覆以卦爻纳甲定形色，而以六神定八方方位。

[注] 见火则软，逢水则坚。缘则聚实，散则象虚。若非金银，必是铜钱。若乾象在外，或世身俱值乾，必具金银、首饰、钗钏。旺相金银，休囚铜铁，团圆之象，外实内虚，福空物必空，虚福不空，其物坚实，或丙明等物，又能鉴容。

[疏] 金衰则忌见火克，逢水则泄。金旺见水火，则为成型之器皿，金银为与钱币等值之物，黄白其卦在艮，铜钱外圆在乾金，内方在坎水；内卦与外卦俱为乾金，必为交换之物；离卦应吉为金银饰品与配饰，休囚为铜铁价值低之物品；官鬼应吉，兄弟应凶，必为外实内虚之物；子孙应凶其必为贱物，子孙应吉则必为贵重之物。

[注] 若金爻动在兑宫，刚柔曲折，铅金而泽柔也。内光彩而见火，外圆而象日。旺为金银、刀铁，衰为雉、羊、通之器物，应是接续缺口文物也。

木爻动在震宫，内白者鬼象，外青朱纯圆，能壮能盛；如蚕作茧，如兽作身，随时变易，复死而生。其色苍苍然，青变赤，随时变，上不侵天，下不着地。如非果实，即是鱼筌。鱼筌为竹之器也。若震象在外，或身世值震，即为鞍辔、靴鞋、竹木之物也。

若木爻动在巽宫，声如琴韵，香气氤氲，谓乘风远听，馨香象也。形体如彩影，似蜻蜓羽翼之象。在上为飞，在下绳索。若巽象在外，或身世在巽，或为颜色、絮麻、绵线、文书、绳索之物也。

水爻动在坎宫，旺相乘风，飘流转蓬，外黄而黑；水入为坎，隐土黑暗，藏而不识，乃为熊罴也。若坎象在外，或身世值坎，麻豆鱼盐，水中所生之物也。

火爻动在离宫，先白后赤，水土圆藏；盖火先见白烟，后见赤焰也。离为雉尾而色赤，内柔外刚，雕镂五色，中应之器也。若离象在外，或身世值离，或颜色、絮麻、绳索、锦缎、布帛之物也。

土爻动在坤宫，坤本外黄内苍，土实内圆外方，形如瓦砾，复能软，若非玉器，必是一囊。旺相则坚，休囚则软，非古器土具之物，即袋也。除此之类，为马牛。若坤象在外，或身世值坤，为五谷、布帛、衣被、瓦瓮之物。

若土爻动在艮宫，青山之形，内虚外实，遇合旺相则实，无气则虚。物形团圆不动，形如覆盖，春秋不改，冬夏长存。若飞白春，则龟文也。若艮象在外，或身世在艮，是衣被、絮帛、土器之物也。

此乃究五行动爻身世之法，定克应未来之理，可研穷而推究，不可谬意取用。

[疏] 占射覆形物，以妻财爻为所占之体，妻财爻所临六神为色为形。妻财临青龙应吉为长，临朱雀应吉为方，临勾陈多边变动，临螣蛇为实体不规则，临白虎为三边，临玄武为圆；卦中青龙为物体左侧，白虎论右边，朱雀为正面，玄武为后侧，勾陈上部，螣蛇为下边，以六神吉凶应形状与五色，应吉应正色。

[注] 或问：六爻安静，先看世应，有无生合刑冲克害，又要观发动之爻，次究伏爻在何位下，后审卦身有无吉凶，然后定休咎。

法曰：彼来生合我者，顺也；我去生合彼者，逆也。此为吉凶之源，是故生生之谓易，通变之谓事也。

[疏] 六爻安静之卦，六神主事，六亲应事。如有发动之爻，则以发动为契机，妻财为射覆主体，动爻为变化。首论妻财爻旺弱吉凶，应吉者为日常正用，或者实用之物，应凶为废旧或者残破之物等。

[注] 以财为皮，以鬼为正色，若有财有鬼，表里俱备；若空伏，则轻虚之象。有鬼无财，则有里有表；无鬼，则只有表也。旺相重大，休囚轻小，须以同类八卦详之。若生旺，则生气之物；休囚，则无气之物也。以类推之。

[疏] 以官鬼为表，子孙为正色，子孙与官鬼俱吉，则表里具备，反之应凶则不规则杂色之象。官鬼为表，妻财为里，官鬼吉而财凶，则金玉其外，妻财吉而官鬼凶，则实在内里；父母爻主轻重，父母爻吉则密致而重，父母爻凶则质轻或者疏松；如兄弟爻应吉，则为正用之物，如官鬼爻凶则为破败之物。

五十九　占来情

思虑未起，鬼神莫知。

不由乎我，更由乎谁？

[注] 夫易本无八卦，只有乾坤，本无乾坤，只有太易（太极）。太易者，在天为日月，在地为水火，在人为耳目。炼其耳而耳自聪，修其目而目自明。《易》曰："圣人以此洗心，退藏于密。"

[疏] 占来情之卦，全在六亲动静变通尔，如来者心无所动，则没有卦成，神鬼莫测，一念起，则念起卦行。卦不由我，占在我，卦再来者，吉凶亦在来情。

《周易》之学，先有一，[①] 复有二，[②] 然后有三。[③] 而此处所言夫易本无八卦，只有乾坤，因世界最基本就是阴阳；[④] 那么在阴阳之初，先有太极，太极即阳，后有两仪，两仪即是物质。阴阳者，在天为日月，[⑤] 在地为水火。水火者生命之起源；在人者为耳目，肾水开窍于耳，心火主神明，眼为神明之所，所以此处论耳目，也是在论水火。肾主精，心主神，脾主气，此谓精气神，代表智慧、文明、境缘。《易》曰，圣人以境缘为道场，以心为道，而全圆满智慧尔。

---

① 一即智慧。

② 二即阴阳，阴阳为时间与物质世界。

③ 三才，为时间、人、物质。

④ 乾卦为阳，坤卦为阴，以乾坤来代表阴阳。

⑤ 日在古代为时间，月在古代为物质，时间与物质这两个词汇源于西方。

六十　达人事

先达人事，后敷卦爻。

人事亨通，卦爻自晓。

［注］真喜合宅母，必问孕事。

隔角克青龙，无气动是已死。

鬼伏临酉冲宅长本命，主官非牢狱公事。

元武临门勾陈动，是失脱事。

世应合五爻、水土动，风水事。

卦内克鬼、冲合生财，犯刀砧六畜事。

天财带天火，必占失火事。

蛇合见月鬼，为惊恐怪异事。

丧车临怪动，人口死不明事。

鬼克冲基，为宅不安事。

鬼克冲基或合太岁，为起造事。

禄马合月鬼动，占谋望事。

卦内驿马旺克门，问出门事。

迁移临旺冲动，问移居事。

月鬼阴喜动，为妇人妊怪事。

世应和合、禄马带财，问代谋财事。

文书乘朱动，五爻重隔角，为代名告状事。

时鬼动冲人口，问住宅不安事。

来意俱不上卦，凭变断之，重主过去，交主未来。

[疏] 占来意，需要正确的卦理知识，丰富的社会阅历，才能把六亲与社会精确对应。

如占问孕产，以青龙与父母爻为用，青龙发动应凶为流产，父母爻应凶为不孕。

占问安危，如官鬼爻克制兄弟应凶，这是必死的卦。

兄弟爻与官鬼爻同时应凶，这是官司必输，牢狱与破财。

兄弟与妻财爻应凶，这是财物失脱，官鬼为贼亦为捕快。

兄弟与妻财吉凶，这是占问动土，父母论风水。

六畜以财为用，兄弟发动应凶者为六亲不安；妻财爻为家产，官鬼爻吉凶论天灾。

如论惊恐必看兄弟，论怪异则看官鬼。

如占问丧葬之重丧，需论官鬼与兄弟。

问宅子平安，首论妻财，次论兄官；如欲造房，则论兄弟与妻财。

谋望求人，以兄弟为所托，官鬼为应事。

兄弟为讼事，官鬼为官家。

兄弟并妻财发动，为动土之事。

农人而论，妻财主六畜，官鬼发动对妻财起坏作用，主六畜应灾。

子孙为荧惑星，占宅子孙逢巳午而应凶，必应回禄之灾。

兄弟临青龙发动，占问出门求谋事。

如问出行看兄弟，妻财论地头。

兄弟与妻财统论乔迁，兄弟为搬迁，妻财为新家。

如官鬼与妻财爻发动应凶者，妻财主内眷，官鬼为变动。

与人代占，首论代占之六亲吉凶，次论对宫藏否。

官鬼发动刑克兄弟应凶者，此为占问阳宅平安；如代问官司，先论代问之六亲，次论官鬼吉凶。

占来意卦理最为精深，阳主当下与过去，阴主未来。动爻为过去，变爻为未来。

［注］大抵求财、问病、官讼、出行等事，火占得乾卦属金，主四九日见。又当合求旺相库墓、三六合。六合看四月相应、九日相应的，是四月见其发动。余皆仿此。

［疏］大抵求财问病以及官讼、出行等事情，占的乾宫之卦，应四九日。[①] 至于应事年月，火年应在寅午戌，木年应在亥卯未，金年应在巳酉丑，水年应在申子辰；应期在四季，木当令在寅卯辰月，火当令在巳午未月，金当令在申酉戌月，水当令在亥子丑月。

五行生克诀

［注］假如木旺能克土，若遇休囚火便生，旺相能生祸与福，休囚受制不能行。

五行类数

［注］金四九，木三八，水一六，火二七，土五十。酉四申九，寅三卯八，子一亥六，巳二午七，辰戌五，丑未十。

［疏］五行旺相为有力，休囚为无力，旺相之爻发动，有生克耗泄他爻之权，如遇休囚无气者，则虽有生克之权，无有生克之实，弱极不受生克。实则泻之，虚则补之，这是亘古不变之

---

① 河图数：一六水，二七火，三八木，四九金，五零水。

理，卦爻旺相宜克泄以减损，反之卦爻休囚宜生助以增益。当生而生则吉，不当生而生则凶；当克而克则吉，不当克而克则凶。

五行与数，一六水，二七火，三八木，四九金，五零水，这是河图先天五行数，后天数的运用以洛书为准。至于乾卦一，兑卦二，离卦三，震卦四，巽卦五，坎卦六，艮卦七，坤卦八，属于伪书传世，因后天卦有八方，坎坤震巽为升阳，乾兑艮离以降阴，以数为显微，体现八卦，而数有十，以十为寒暑往复，数为阳，八卦为阴。

寄语后学，宜以卦理为本，实践为体现，如抛弃卦理而空谈实践，则皮之不存，毛将焉附？

六十一　占姓字

以日配用，四象谁胜？

若无象用，姓字何证？

［注］卦之克字，以日配用爻，兼内外互卦，正化体象，取胜为主，然后合成字象。

以上阙。此必是錢字，不然则成劉字，盖錢有两戈，劉有竖刀故也。

再如甲乙日占贼姓，得纯艮卦土爻，体见寅，寅属木，木鬼配甲乙日，亦属木，三体相兼，为林字姓也。他仿此。

［疏］笔画断五行，横画土，竖画木，勾金，两点水属水，一点与四点属火，撇画木，捺画金。例如，戈字义为金，立刀部为勾属金等。

但以干配姓，以支配合，以纳音配字，取象度量，尽其妙理，当慎思之。

［疏］占姓氏汉字，父母爻为母姓，子孙爻为父姓，兄弟爻为字号，妻财爻为名字，以六亲所临纳甲地支旺弱，取其格局配字。例如子孙爻临寅卯木，寅卯旺而应吉者，姓氏中带有木字，如弱而应凶者，则姓氏中带有金字。

八卦类

［注］乾为圆象、为点、为马、为金玉、为言旁、为头。

坎为雨头、为点水、为水目、为小弓旁、为内实外虚屈曲之象。

艮为横画，为口、手，为门、人，为己、田，为山、水。易旁，上尖下大，上实下虚。

震为木象，为二七，为竹木，为立画、偏拨、上大下尖、下虚上实。

巽为甘头、为捷服、为长举，为绞丝，上长下短，为下点。

离为日旁，外实内虚，为中、为戈、为日、为心、为火。

坤为横画、为土、为方、为木旁。

兑为金、为日、为钩、为八字、为巫、为微细。

天干类

［注］甲为木、为田、为日、为方圆、为有脚、为果头。

乙为草头、为反钩、为弓、为曲。

丙为火、为撇、为捺，上尖下大。

丁为一、为钩、为丁、为木出头字。

戊为土、为戈、为中开之类。

己为桃土、为半口、为己头、为曲。

庚为金、为庚。

辛为金旁、为辛。

壬为水、为曲、为壬字。

癸为水、为冰旁、为双头。

地支类

[注] 子为水旁、子旁、为鼠。

丑为土、为丑、为横画、为牛。

寅为木、为山、为宗、为寅字、为虎。

卯为木、为安头、为卯字、为兔。

辰为土、为艮字象、为长意、为龙。

巳为火旁、为巳字、为屈曲、为蛇。

午为火、为日、为干字、为不字、为矢字头、为马。

未为土、为来字、为多画、为木旁、为羊。

申为金、为车旁、为猴。

酉为金、为而旁、为目旁、为坚洞旁、为鸡。

戌为土、为戌字、为戊字、为犬。

亥为水、为绞丝头、为猪。

五行类

[注] 水为点水、为曲、为一六数。

火为火旁、为上尖下阔、为二七数。

木为木旁、为步头、为竹头、为人十字象、为三八数。

金为金旁、为合字、为横画，为四九数。

土为土旁、为横画，为五十数。

六十二　占法卦数

［注］假如乙丑年辛巳月丁酉日丁未时占得乾之离卦：

正卦乾　　　　　变卦离

父母　　丶　戌　世　　官鬼　巳　青龙

兄弟　○　申　　　　父母　未　元武

官鬼　丶　午　　　　兄弟　酉　白虎

父母　丶　辰　应　　子孙　亥　螣蛇

妻财　○　寅　　　　父母　丑　勾陈

子孙　丶　子　　　　妻财　卯　朱雀

［疏］辛巳月丁酉日占卦，为乾卦变离卦，二爻与四爻发动。

［注］（一）占来情：以心易敷于有易卦，我触以乾禄之机甚吉，反施乾之九五"飞龙在天，利见大人"，而下兆有"见龙在田"，统思卦象，乾健化离，"出涕沱若，戚嗟若"、"黄裳，元

吉"，复以六亲法，卦中多者取来情，惟此印绶爻多，即知来者占求官也。

[疏]《周易》论来情，以心易附于易卦，心念动则易卦对应而生；应之以乾卦之机最甚，五爻发动"飞龙在天，利见大人"，指万物荣显，天下文明。利，时机；见，文明与礼教；大人，统御。二爻发动有，"见龙在田"，指万物有形似无。见，显微；龙，万物；田，有形。万物有形但不具备堪任之能，统思卦象为君子行事有规范之意，君子应天以行道。

六爻六亲占来情，以求测者意之所向为本，对应六亲以定夺。如占荣显以子孙为用，占财产以妻财为用，占权变以官鬼为用，占读书进用以兄弟为用，占寿禄以父母为用等。万事万物总不离五行变通，卦有万变，需一理而终。

[注]（二）占家宅：卦中两重父母，及年与时两重，初夏占，其土绝，当知其屋旧象，可存四重或二重房。其三爻甲辰之屋在内，却乃日旬空，兼以"君子终日乾乾，夕惕若，厉无咎"，离之九三"日昃之离"，之父为鬼，必此一重，非言坏则火焚。其上九壬戌之屋高，值青龙修旧之屋，可住，奈九二甲寅财动青龙，修中有克，乾之上九"亢龙有悔"，离之上九"有嘉折首"，兼以鬼库在戌，虽有寅爻相合，亦岁君丑刑戌，此屋必因女人或财事破毁。止有年时及化离丑未四屋，零屋冲散复成之象。否则弃其原而重整其屋，且此土爻为屋是前一代。午火生来午火，亦是前二代。寅木生来寅木，又是前三代。子水生来子水，是前四代。申金生来其申金，乾化离卦，申金受克，及其丑年为墓，巳月火令为杀，当知此代消散。幸有化出己未，及占时丁未生扶，

易辞又吉，后能复成，无妨。

［疏］"君子终日乾乾，夕惕若，厉无咎"，君子行事以义，禀赋天道盈亏自然之律，久行而没有过失。"亢龙有悔"，亢者过也，龙者万物，悔者晦也。此句言物之极，为万事万物太过则晦也。此言先之则太过，后之则不及。

离卦之三爻，偏西之太阳，喻万物盛极已衰。离卦三爻为官鬼，万物将终；乾卦是上九为壬戌，戌土为父母爻，得午火生助为年久之宅，此宅有生气；寅木妻财动化丑，又得申金发动克制，此屋堪住。

辰戌土父母爻被寅木发动克制应凶，所以占宅子为无气，宅子为衰气老宅；妻财寅木化父母应吉，此屋虽年久但建材结实可住，官鬼爻午火应吉，修葺得力。又兄弟为栋，官鬼为正梁，父母为柱，妻财为檩，子孙为椽子，各论吉凶以应事。

［注］（三）占祖父：属火官四月占，当主加四，但火未盛，止以本数二为吉。

［疏］占祖父祖母，理当论妻财，此处作者论官鬼，午火数为二，[①] 巳月占卦，卦爻午火当令，用本数二。

［注］（四）占父母：属土，本卦二重，年时二重，本土数五，盖夏初占火旺土相，仍以五数为准。

［疏］父母爻辰戌土，土数为五，夏初巳火月份，火土当权，土星秉令，所以止于土数五。

［注］（五）占夫妻：寅木发动，及申金兄弟爻动，初夏木病金生，主克木，数三当减，则二个吉。

---

① 河图水一，火二，木三，金四，土五。

［疏］占妻妾妇女，寅木妻财爻为妇女，以兄弟为御女，官鬼为次第。卦中寅木化丑，申金发动克制寅木，因丑为阴，所以女人个数取阴数为吉。

［注］（六）占子爻：甲子水，初夏水绝，主一个吉。

［疏］占子孙后代，以子孙爻为用，辅以兄弟。兄弟申金发动化未土相生，为嫡子有成，子承父业，传宗接代。又子孙爻子水休囚，被寅木化泄不吉，难求光宗耀祖之后。

［注］（七）占孙爻：属木，主三，初夏，虽盛将衰，终减一数。

［疏］如果占的卦爻为木，而木数是三，[①] 如果在初夏巳火月份占卦，火旺木休，那么木数要减半。

［注］（八）占灶：宜财子爻方，此卦东北西北才子，地吉；碓厕以兄弟爻论，安静吉，随才子爻利。

［疏］占灶看妻财寅卯，寅木弱于月令，故灶房宜在东方与北方，水木有力之地；碾磨与厕所当论兄弟，兄弟爻申金弱于月建，故宜安放在西方金盛之地。不可拘泥，宜以生旺死绝论之。

［注］（九）占六畜：官鬼持世处不吉，壬午鬼在四，位其四爻，以羊为论，则当损羊，其余畜养宜财子方吉。

［疏］凡占六畜，以妻财为六畜，六畜与庄稼农田无有二致，总是养命之源。官鬼为消耗之神，官鬼应凶则六畜难以收获，至于饲养之方，以妻财爻有利之地。

［注］（十）占官符：壬午九四安静，兼合戌世为吉。

［疏］占官符，[②] 以官鬼为据，壬午官鬼爻应吉则有生杀予夺

---

① 河图数：水一六，火二七，木三八，金四九，土五零。
② 官符，丛辰名。岁中凶神。星命丛辰之一。

之权。

[注]（十一）占火盗：元武临申，兄弟劫财，七月忌盗，朱雀临，甲子福德，火沉水底，无事。

[疏]占盗贼与火灾。盗贼以官鬼为用，外界自然之六淫用事，火灾则论子孙，风灾看兄弟，水灾看妻财，寒冻论父母。

[注]（十二）占墓坟：随用位而言。九五壬申，是父位之坟，兄弟发动，必主迁移。若问父坟，以乾爻墓辰九三爻是。乃知不高不低之所，可以类推，生世吉，刑冲破害凶。今辰戌巳亥冲克父坟，欠利。

[疏]凡占坟墓，首论父母爻，以明祖上气运如何，次论妻财，以知地理风水臧否。兄弟论震巽之山峰，官鬼论乾兑之低水，子孙论离卦之寸水，父母论坎卦之高砂。兄弟发动对妻财爻起坏作用，必迁坟无疑。

[注]（十三）占时：下灾福当以乾金为主，见亥子水为子孙，有生旺吉扶，主亲喜作乐；逢空则见僧道，遇壬午日为官鬼，主客至；值凶杀，主见恶人；遇吉神，则喜客至。逢辰戌月日为印绶，临龙德喜神有文书交易，值凶神主词讼交争。逢申酉比肩之月日，凶则失财口舌，吉则朋友讲习。逢寅卯妻财，吉则饮食宴乐，凶则破伤印绶。

[疏]占时课，论灾当以兄弟为先，论福则看子孙。占的乾变离，亥子为子孙，孟夏之水虚微，喜金水以扶持，则为喜乐之心。如见克伐则有迷惑之士，家少尊卑之序；乾卦以壬午为官，鬼主外客，初夏官鬼乘旺，如再见生扶，则有外夷入侵之虞，官司破耗难免；乾卦以辰戌为印绶，夏月之土星重重，如有制化，

火珠林

大利是孕产，出有德之人，如见火土生扶，则出冥顽不灵之辈；乾卦以申酉为比肩，① 巳月之申酉，处于休囚之地，如见土金生扶，则兄弟同心，朋友同德，出身品阶；乾卦以寅卯为妻财，寅卯临于巳火之月，如有生扶之爻，则饮食宴乐之请，朋友有信，逢制化则印绶有伤，家业散尽。

[注]（十四）占大小限：五岁行一爻，初从世爻起，阳顺阴逆，此卦世在上九，五岁至世，青龙克世，喜中小滞。六岁至十岁行初九，逢福德，虽曰潜龙，亦吉之兆。十一岁至十五行九二甲寅，虽云寅午戌相合，终是合中有克世之嫌，况其爻动，命在须臾。余仿此。

[疏]占限运之大小限，以兄弟为初年，官鬼为中岁，父母为迟暮，兼看子孙以安荣，妻财以度日。一方之论，以卦爻论运限，从世爻起，五年行一爻位，例如乾卦，世爻在上六，则壬戌爻为一至五岁，初爻甲子为五之十岁，二爻甲寅为十岁至十五岁，三爻甲辰为十五岁至二十岁，四爻壬午为二十岁至二十五岁，五爻壬申为二十五岁至三十岁，复至上六为三十岁至三十五岁；另一方之言，以初爻为一岁至十六岁，二爻十六岁至三十二岁，三爻三十二岁至四十八岁，四爻为四十八岁至六十四岁，五爻为六十四至八十岁，上六为八十岁至九十六岁。以上为一家之言，只做学术探讨也可。

地支三合：寅午戌合化火，亥卯未合化木，申子辰合化水，巳酉丑合化金，指的是年支值运五行。

[注]（十五）占婚姻：兄动克妻，财动伤翁，不吉。

---

① 子平学以同我者为比肩、劫财，六爻以同我者为兄弟。

［疏］占问婚姻家庭，以妻财爻为用，寅木化父母丑土，又得申金克制，所以婚姻稳固，妻妾和睦相处；又父母爻戌土被寅木克制，申金化泄不吉，所以长上有忧，唯恐尊长春宜早泄。

［注］（十六）占形色：内卦为心，外卦为貌。此卦占人，头大貌圆，心事宽大。若占子爻，貌爻属水，貌水临于朱雀，其子必是贪酒多口舌之徒，水之貌清秀，朱雀则红润。余则类推。

［疏］占人之形色表里，行径看兄弟，以论身体力行与舍己为人，兼论行为之善恶；子孙看其心，是否心怀天下，无私奉献，兼论容貌之妍媸；妻财爻为包容与诚信，妻财爻应吉则为人诚实守信，应凶者嗜酒贪杯，耽于淫乐。

［注］（十七）占求官：易辞本吉，甲寅财动伤文，壬申兄动有阻，直待午火官，辰土印绶年可求，吉。

［疏］占仕途官场，以父母为学识，兄弟为进用，子孙为荣显，官鬼为制裁，父母与子孙为用，则学富五车，但久困君子；兄弟与官鬼为用，则学有所成，安身立命有之。

［注］（十八）占蚕：初为蚕种，子孙临克九二，财爻发动，蚕苗大壮。九三辰爻平平。九四火官出翼火时，火鬼旺不吉。九五上临比肩，爻动劫财，不利。

［疏］占养殖桑蚕，子孙为行市，妻财为桑蚕。财爻休囚于月建，如兄弟安静，则六畜平安；鬼爻兴而天灾难免，或者罢市。

［注］（十九）占疾病：壬午火鬼，正值九四爻，火鬼主热，若占父母，九二木财发动，必伤。幸九五金一制，其病可痊，但牵连未脱。余类推。

［疏］占疾病，以官鬼为病，父母为元气，妻财为纳取，如

代占则依代占六亲为取用，测尊长以父母为用，父母爻被寅木与申金克泄，长上有忧，其病难愈。

[注]（二十）占姓字：水一、火二、木三、金四、土五，随时加减，其占卦之日丁酉，以金配火鬼，酉四、火二，其名则六，又为四为二之名，以酉日合乾离，火鬼重离，却成昌字，若发动克日克世，同鬼论之。

[疏]河图数为先天五行数，水为万物之源，^①后天有形世界源于无形智慧，故水为一，因水为无形之本，火为水之发用，故火为二数，木为万物之始，故为其数为三，金为万物所终，所以金数四，土为后天世界，所以土之数在五。

[注]（二十一）占求财：九二财动，求之必有。九五比肩爻动，阻而未得也。买卖同此推之。

[疏]占求财发达，以妻财爻为贫富，官鬼为虚耗，兄弟为纳取。妻财爻寅木化丑土父母，此为钱财如意，兄弟比肩动为君子纳财，官鬼爻午火应吉为取之有道。

[注]（二十二）占出行：财动本吉，元武值乎比肩，临在道路，主盗失财，行人同忌。

[疏]占出行，以兄弟而车马同行，妻财为地头与辎重，官鬼为阻碍。子孙主平安，鬼为贼盗与失财。

[注]（二十三）占行人归期：本甲寅日或寅日到，因兄动有阻，遇旬方来。

[疏]占行人归期，首先看占问何人，以六亲论理论之，如占问朋友则论兄弟，占问陌生人论官鬼，占问族长与厚学之人论

———————————

① 水者智慧。

父母，占问婢妾下人论妻财。自己出行论兄弟，他人出发论官鬼，能否会面论妻财。

[注]（二十四）占怪异：腾蛇临于九三，猪獭之怪，主子孙不安，财动主失财，兄动反成惊恐。

[疏]占怪异之事，惊恐之事论兄弟，怪异蒙昧看父母，辟邪制煞看官鬼，六亲各有所主，动物作怪论父母，植物作怪论兄弟，故去的人作怪看子孙。

[注]（二十五）占迁居：财动兄发，兄破妻财。

[疏]占迁居，关于乔迁以妻财爻为住房，兄弟为搬家，财旺而兄弟发动，必有乔迁之喜；财爻偏弱而兄弟发动，屋破财轻。

[注]（二十六）占覆射：财官两见，内外俱实，乾离本圆，其辰戌相冲则破，春末夏初，财鬼两旺，则铜钱之象。

[疏]占射覆，即指卦占物。兄弟为长而直，子孙为四边，父母为形圆，官鬼为交加，妻财为多边之物。寅木为苍青，卯木为绿色，巳火为暗红，午火为明红，申金为色白，酉金为蓝色，亥水为灰色，子水为色黑，丑辰为黑色，未戌为色黄。

[注]（二十七）占谒人：世应比和本为大吉，奈辰戌相冲，财兄俱动，送物不纳，反成虚惊。

[疏]求测谒贵，以子孙为高位之人，官鬼为实权，兄弟为我之高低，托人论兄弟，成败在官鬼。

[注]（二十八）占失走：其卦世在上九，走远。其世为方，在戌地。其应为所值父母，在父母之家。若占失财，财动必出；若占人走，兄动不见。

[疏]占走失，妻财为失物所处之方，财爻应凶近在咫尺难

觅，应吉在天边可寻。财如值亥子，必在隐暗之处，财值子孙显眼之所，财临寅卯应吉必高亢之地，财临申酉应吉处在平川。

[注]（二十九）占产育：**乾在内化离，本易生，奈兄鬼财动，难产之兆。**

[疏]凡占孕产，官鬼应凶为难产之兆，兄弟应吉为顺产之前提，财爻为母乳之多少，子孙为子女之贵贱尊卑。

[注]（三十）占晴雨：**木财动而风多，壬水发而雨动，只为乾化离，不久当晴。**

[疏]占云雨丰沛，寅卯应凶而风灾频作，未戌为大雨滂沱，申酉为秋日之雾露，巳午为晴空万里，亥子为雹雪纷纷。

六十三　易道心性

易道逐心，出于混元。

大道逐性，出于神仙。

[注]**易本逐心，天地合体；阴阳假神，出于混元。一得一失，皆在日月盈亏；一离一合，皆从无而立有。故易本逐心，人灵神辅；显明在乎信，吉凶在乎人。**

[疏]易者治也，本意在万物之规仪。因心念所动，则物以移，故物之变在于心，后天以心为体，心动则物变，变则为易，所以圣人说"易道逐心，天地合体；阴阳假神，出于混元"，此处意思为，天地阴阳，天主动，地主静，动静变化而化生万物，而有后天肉身生命，此为人之幻躯，临时之所，而阴阳出于一。一既是道，道既是智慧本体，又称混元。得者后天木，失去者后

天金，得失皆体现在日月盈亏，阴阳转化。一离为无，一合为有，有无皆从无而立有。这里的"无"，即是先天智慧，后天万物之源。是故易本逐心，人身为智慧所化现，其显明在于肉身，①吉凶即金木。木为万物始生，金为万物所终，其吉凶得失，全在乎人。

［注］或问：易道逐心何也？

答曰：心要至虚至灵，以诚信为主。凡占卜，存心道性，不可一毫私念起于中。取用爻象在乎果决，不要狐疑，妙处当以心会神领，有不可言传者也。如此则神灵辅助，随吾取舍而用之，自然灵验矣。故曰易道逐心。

［疏］易道逐心何解？答曰：占筮必心诚，诚则有灵，至虚者为心无二致。凡占卜之道，存敬畏之心，必无有杂念。取卦象在乎当机与应机，不可犹豫不决，契机全在心领神会，卦有一定之规，而道有不传之秘。如此则神机乍现，随占卜者取舍而用之，自然灵验准验，是故曰易道随心而显。

［注］又曰：麻衣六亲，各有所主，以世、应、日、月、飞、伏、动、静，晓此道理，刻期而应。复以克、合、刑、害、墓、旺、空、冲，知此八宗，与神奥通。

［疏］又曰，麻衣道者之六亲为万卦之根本，于人身、家庭、社会各有所主。其以世爻、应爻、日建、月建、伏藏爻（飞爻）、卦爻发动、卦爻安静，以此为卦卦之契机，动静之得失。复以纳甲地支之生克、三合、六合、三刑、六害、十二长生、旺相休囚为作用关系，以出卦爻之吉凶。

---

① 肉身属土，土主信。

六十四　邵尧夫诗曰

吉凶只在面前决，

祸福无劳日后知。

从此敢开天地口，

老夫非是爱吟诗。

　　［疏］人命运之吉凶得失，依据卦爻六亲当下断验，祸福臧
否不需要事过才知，通晓宇宙自然之道，阴阳五行辩证之法。

火珠林跋

　　案《火珠林》见于宋马端临《通考·经籍志》者一卷，陈氏曰："无名氏，今卖卜掷钱占卦，悉用此书。"《宋史·艺文志》载《六十四卦火珠林》一卷，注："不知作者。"《朱子语类》曰："今人以三钱当撰蓍，乃汉焦赣京房之学"，又云"卜卦之钱，用甲子起卦，始于京房"。项平甫亦云："以京房考之，世所传'火珠林'，即其遗法。火珠林即交单重拆也。"荆溪任钓台、婺源江慎修诸儒，亦以后天八卦变六十四卦，即今火珠林法，则火珠林为自宋流传之书，信矣。

　　顾《通考》《宋志》，俱不知撰人名氏，是本题麻衣道者著。考麻衣唐末宋初人，苟其所著，宋人何以不知？且《卜筮元龟》系宋以后之书，篇中何由援引？篇末问答，不应自称名，而系邵子之诗。岂古有是书，后世术家假名而附益之欤！然其论断，以财官伏五乡而定吉凶，以世爻飞伏为准，以干占天，支占人，纳甲占地，公私两事，专取财官，微而显，简而赅，一滴真金，源流天造，非抉易传《洞林》之秘钥者不能也。

　　今卜师筮人，惟知俗传《易冒》《易林》《易隐》及《增删卜易》《卜筮正宗》诸书，占事十无九验；若读是刻而精研之，出而垂帘都市，当必有诧管辂复生、严遵再出者矣。然则世固有能作是书者乎！虽非麻衣，是即麻衣之徒也已。

**　　大清道光四年岁在甲申仲春月上浣**
白岳麋生程芝云识于湘湖之小输廖馆

《四库全书总目·京氏易传提要》

汉京房撰，吴陆绩注。房本姓李，吹律自定为京氏，字君明，东郡顿邱人。受《易》于焦延寿。元帝时以言灾异得幸，为石显等所嫉。出为魏郡太守，卒以潜诛。事迹具《汉书》本传。绩有《易解》，已著录。房所著有《易传》三卷，《周易章句》十卷，《周易错卦》七卷，《周易妖占》十二卷，《周易占事》十二卷，《周易守林》三卷，《周易飞候》九卷，又六卷。《周易飞候六日七分》八卷，《周易四时候》四卷，《周易混沌》四卷，《周易委化》四卷，《周易逆刺占灾异》十二卷，《易传积算法杂占条例》一卷，今惟《易传》存。考《汉志》作十一篇，《文献通考》作四卷，均与此本不同。然《汉志》所载古书，卷帙多与今互异。不但此编，《通考》所谓四卷者，以晁、陈二家书目考之，盖以《杂占条例》一卷合于《易传》三卷，共为四卷，亦不足疑。惟晁氏以《易传》为即错卦，《杂占条例》为即逆刺占灾异，则未免臆断无据耳。其书虽以《易传》为名，而绝不诠释经文，亦绝不附合易义。上卷、中卷以八卦分八宫，每宫一纯卦统七变卦，而注其世应、飞伏、游魂、归魂诸例。下卷首论圣人作易揲蓍布卦，次论纳甲法，次论二十四气候配卦、与夫天、地、人、鬼四易，父母、兄弟、妻子、官鬼等爻，龙德、虎形、天官、地官与五行生死所寓之类，盖后来钱卜之法，实出于此。故项安世谓以《京易》考之，世所传火珠林即其遗法。以三钱掷之，两背一面为坼、两面一背为单，俱面为交，俱背为重。此后人务趋捷径以为卜肆之便，而本意尚可考。其所异者不以交重为占，自以世为占，故其占止于六十四爻而不能尽三百八十四爻之变。张行成亦谓卫元嵩《玄包》其法合于火珠林，火珠林之用祖于京房。陆德明《经典释文》乃于《周易》六十四卦之下悉注某宫一世、二世、三世、四世、游魂、归魂诸名，引而附合于经义，误之甚矣。

附　　录

附录一：八卦简单记忆法

乾三连	坤六断	震仰盂	艮覆碗	离中虚	坎中满	兑上缺	巽下断
☰	☷	☳	☶	☲	☵	☱	☴
乾	坤	震	艮	离	坎	兑	巽
金	土	木	土	火	水	金	木
天	地	雷	山	火	水	泽	风
老父	老母	长男	少男	中女	中男	少女	长女

附录二：世爻应爻

世爻代表我、我方，一切基于我的立场概念。

应爻代表他方，与我同等对应的另一方。

世爻为"我"之阴，应爻为"我"之阳，阴阳为一。

六爻学以世爻为我，建立二元六亲体系。

一卦之六亲皆为我，如论我之社会，父母爻为我之思想，兄弟为我之行为，子孙为我之理想，妻财为我之环境，官鬼为我之责任。

附录三：摇卦工具与卦爻规定

以钱代蓍法：是以铜钱三枚（乾隆通宝）六次抛掷得卦。

三枚铜钱象征"天、人、地"三才，画卦从下往上，共记六次。

一个满文为阳爻，记为"、"；一个汉文为阴爻，记为"、、"；三个满文为老阳，记为"○"；三个汉文为老阴，记为"×"。

六神运行以象天，地支纳甲变化以象地，六亲以总分类象社会事物。

摇卦时的月建与日建构成时空体系，纳甲地支的生克作用，显示纳甲所对应的六亲吉凶意义。

附录四：六爻装卦方法

八卦之首世六当，以下初爻轮上扬。

游魂八卦四爻立，归魂八卦三爻详。

应爻与世爻隔着两爻。世在初爻，应在四爻；世在二，应在五；世在三，应在六；世在四，应在初；世在五，应在二；世在六，应在三。

一　寻世爻

天同二世天变五，地同四世地变一。

本宫六世三世异，人同游魂人变归。

天同二世：天爻与天爻相同，而地爻与人爻分别不同，世爻在二爻位置。

天变五：天爻与天爻不同，而地爻与人爻分别相同，世爻在五爻位置。

地同四世：地爻与地爻相同，而天爻与人爻分别不同，世爻在四爻位置。

地变一：地爻与地爻不同，而天爻与人爻分别相同的，世爻在一爻位置。

本宫六世：八纯卦称为本宫卦，世爻都在六爻位置。

三世异：天与天、地与地、人与人分别不同，那么世爻在三爻位置。

人同游魂：人爻与人爻相同，而地与地，天与天分别不同的，这是游魂卦，世爻在四爻位置。

人变归：人与人爻不同，而天与天、地与地分别相同的，这是归魂卦，世爻在三爻位置上。

天同二世	天变五	地同四世	人变归	人同游魂
、	、、	、	、、应	、
、、应	、世	、	、、	、
、	、、	、、世	、、	、、世
、	、	、、	、、世	、、
、世	、应	、、	、	、
、、	、、	、、应	、、	、应

以上必须是天爻与天爻、地爻与地爻、人爻与人爻比对。

二　寻卦宫

后天八卦的人天体系当中，八个卦各主一方，八个卦当中每个卦都称为单卦，因为其每个卦都主一方之气，所以称为卦宫。这六十四个卦，被分为八组，每组八个复卦。上卦与下卦是同一个卦，例如乾为天、震为雷、坎为水等，我们称之为八纯卦。每一组卦都由一个纯卦统领，一个纯卦下辖七个复卦，它们都共同隶属于这个纯卦，在五行上都体现这个纯卦的五行属性。

寻卦宫歌诀

一二三六外卦宫，

四五游魂内变更，

归魂内卦是本宫。

世爻在初爻、二爻、三爻、六爻位置，外卦是什么卦，此卦就是什么卦宫。

卦爻在四爻、五爻位置、游魂卦，把内卦的阴阳转变一下，转变后的卦就是此卦的卦宫。

归魂卦的内卦是什么卦，这个卦就是哪一宫。

例如：

雷山小过

世

应

这个卦就是个游魂卦，把内卦艮土阴阳转变一下就变成了兑
金。此卦就是兑宫卦。

火天大有

应

世

这个是个归魂卦，内卦是乾金，这个卦就是乾宫。

我们在六爻卦里，先找出世爻，然后就根据世爻的位置求出
这个纯卦的卦宫。然后纳甲，纳甲后，以卦宫为"我"然后确定
六亲。

人变归：坤宫
水地比

应

世

外卦宫：巽宫
风火家人

应

世

游魂内变更：艮宫
风泽中孚

世

应

三　纳甲歌诀①

乾金甲子外壬午，

坎水戊寅外戊申，

艮土丙辰外丙戌，

震木庚子外庚午，

坤土乙未外癸丑，

巽木辛丑外辛未，

离火己卯外己酉，

兑金丁巳外丁亥。

六爻分为六个爻位，外三爻位叫外卦，内三爻卦位叫内卦，内卦和外卦各有不同的纳支。

乾内卦：子水，寅木，辰土；乾外卦：午火，申金，戌土。

兑内卦：巳火，卯木，丑土；兑外卦：亥水，酉金，未土。

离内卦：卯木，丑土，亥水；离外卦：酉金，未土，巳火。

震内卦：子水，寅木，辰土；震外卦：午火，申金，戌土。

巽内卦：丑土，亥水，酉金；巽外卦：未土，巳火，卯木。

坎内卦：寅木，辰土，午火；坎外卦：申金，戌土，子水。

艮内卦：辰土，午火，申金；艮外卦：戌土，子水，寅木。

坤内卦：未土，巳火，卯木；坤外卦：丑土，亥水，酉金。

附注：阳卦，乾坎艮震卦，顺排地支，隔位相排。阴卦，巽离坤兑卦，逆排地支，隔位相排。阳者顺，阴则逆，隔位相排。

---

① 纳为次序之意，甲为起始之意。

十二地支隔位演示：子（丑）寅（卯）辰（巳）午（未）申（酉）戌（亥）。

例如乾卦装卦，歌诀：乾金甲子外壬午。

乾卦的内卦起子，顺次是寅、辰；乾卦的外卦起午，顺次是申、戌。

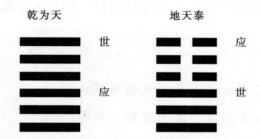

乾为天　　　　　地天泰

例如坤卦装卦，歌诀：坤土乙未，外癸丑。

解释：坤卦内卦初爻是从未开始，然后依次逆排：初爻是未，二爻就是巳，三爻就是卯；

坤卦的外卦，起始在四爻，歌诀告诉我们是丑，然后依次逆排，五爻是亥，六爻是酉。

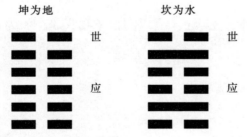

坤为地　　　　　坎为水

例如坎为水卦，卦歌：坎水戊寅外戊申，坎卦的内卦起始初爻是从寅开始，依次隔位顺排，二爻就是辰，三爻就是午；

外卦是从申开始，四爻就是外卦的起始爻，四爻就是申，五爻就是戌，六爻就是子。

四 定六亲法

六亲：以"我"为基点建立的社会关系、人与自然对应关系，以卦宫为"我"根据卦爻地支与"我"的生克关系定六亲体系，然后以卦宫为"我"，卦宫所属五行就是"我"。

把纳甲地支的五行与"我"的五行属性"生、克、帮"定六亲。

简记六亲排列口诀：

> 乾兑金兄土父传，木财火鬼水子焉。
>
> 震巽木兄水父母，火子金官土财源。
>
> 坤艮土兄火为父，金孙木鬼水财全。
>
> 离火兄弟木为父，土孙水鬼金财钱。
>
> 坎水兄弟金为母，木子土官火妻连。

六亲具体规定公式：

生我者为父母；同我者为兄弟；我生者为子孙；我克者为妻财；克我者为官鬼。

父母、兄弟、子孙、妻财、官鬼加"我"统称为六亲。

例如：

离为火

世

应

（1）根据"本宫六世"的歌诀，找出这个卦的世爻在六爻位置。

（2）根据寻卦宫歌诀，找出这个卦属于外卦"离"卦宫。

（3）离卦五行属于火，那么"我"的五行属性就是火。

（4）初爻卯木生我就是父母；二爻丑土是被我所生，就是子孙；三爻亥水是克我，就是官鬼；四爻酉金是被我克，就是妻财；五爻未土是我所生，就是子孙；上爻巳火是与我相同的，就是兄弟。

五　伏藏

主卦不现的六亲，要去原卦宫里面去找，把主卦不现的六亲，对应写在主卦的后面。

例如：

	天地否		泽水困
父母 ○应	███	戌土	███	未土
兄弟	███	申金	███	酉金
官鬼	███	午火	███	亥水
妻财 ×世	██ ██	卯木	██ ██	午火
官鬼	██ ██	巳火	██ ██	辰土
父母	██ ██	未土	██ ██	寅木子孙子水（伏藏）

六亲生克关系

父母生兄弟，兄弟生子孙，子孙生妻财，妻财生官鬼，官鬼生父母。

父母克子孙，子孙克官鬼，官鬼克兄弟，兄弟克妻财，妻财克父母。

<h2>六亲类象</h2>

父母：泛指长辈、家乡。

兄弟：泛指平辈、姊妹、同事、朋友。

子孙：泛指晚辈、付出、聪明。

妻财：归我支配的、享受、妻子。

官鬼：规范我的、约束、责任、事业。

<h1>六　安六神</h1>

六神：青龙、朱雀、勾陈、螣蛇、白虎、玄武。（排列顺序不变）

<h2>安六神歌诀</h2>

甲乙日起青龙；丙丁日起朱雀；

戊日起勾陈；己日起螣蛇；

庚辛起白虎；壬癸起玄武。

例如：申月 癸未日（癸日干起玄武）

		离为火				雷天大壮	
白虎	兄弟	�	○	世 巳火	▬ ▬		戌土
螣蛇	子孙	▬ ▬		未土	▬ ▬		申金
勾陈	妻财	▬		酉金	▬	世	午火
朱雀	官鬼	▬	应	亥水	▬		辰土
青龙	子孙	▬ ▬	×	丑土	▬		寅木
玄武	父母	▬		卯木	▬	应	子水

完整装卦步骤：

例如：未月 庚辰日

离为火

螣蛇	兄弟	▬▬▬	巳火	世
勾陈	子孙	▬ ▬	未土	
朱雀	妻财	▬▬▬	酉金	
青龙	官鬼	▬▬▬	亥水	应
玄武	子孙	▬ ▬	丑土	
白虎	父母	▬▬▬	卯木	

（1）根据"本宫六世"的歌诀，找出这个卦的世爻在六爻位置。

（2）根据寻卦宫歌诀，找出这个卦属于外卦"离"卦宫。

（3）离卦五行属于火，那么"我"的五行属性就是火。

（4）初爻卯木生我就是父母；二爻丑土是被我所生，就是子孙；三爻亥水是克我，就是官鬼；四爻酉金是被我克，就是妻财；五爻未土是我所生，就是子孙；上爻巳火是与我相同的，就是兄弟。

（5）因为日干为庚，按照安六神歌诀"庚辛日起白虎"。

初爻为白虎，顺次二爻为玄武，三爻为青龙，四爻为朱雀，五爻为勾陈，六爻为螣蛇。

七　静爻、动爻、变爻

没有发动的爻称为静爻，发动的爻就称为动爻，动爻变化出来的爻称为变爻。

第四爻（兄弟丑土 ╳）为动爻，对应变卦第四爻（午火）为变爻，其他为静爻。

附录五：八八六十四卦卦名

乾宫八卦属金

乾为天、天风姤、天山遁、天地否、风地观、山地剥、火地晋、火天大有。

坎宫八卦属水

坎为水、水泽节、水雷屯、水火既济、泽火革、雷火丰、地火明夷、地水师。

艮宫八卦属土

艮为山、山火贲、山天大畜、山泽损、火泽睽、天泽履、风泽中孚、风山渐。

震宫八卦属木

震为雷、雷地豫、雷水解、雷风恒、地风升、水风井、泽风大过、泽雷随。

巽宫八卦属木

巽为风、风天小畜、风火家人、风雷益、天雷无妄、火雷噬嗑、山雷颐、山风蛊。

离宫八卦 _{属火}

离为火、火山旅、火风鼎、火水未济，山水蒙、风水涣、天水讼、天火同人。

坤官八卦 _{属土}

坤为地、地雷复、地泽临、地天泰、雷天大壮、泽天夬、水天需、水地比。

兑宫八卦 _{属金}

兑为泽、泽水困、泽地萃、泽地咸，水山蹇、地山谦、雷山小过、雷泽归妹。

附录六：卦名读音

1. 乾：读 qián；2. 坤：kūn；3. 屯：zhūn；

4. 蒙：méng；5. 需：xū；6. 讼：sòng；

7. 师：shī；8. 比：bǐ；9. 小畜：xiǎo xù；

10. 履：lǚ；11. 泰：tài；12. 否：pǐ；

13. 同人：tóng rén；14. 大有：dà yǒu；

15. 谦：qiān；16. 豫：yù；17. 随：suí；

18. 蛊：gǔ；19. 临：lín；20. 观：guān；

21. 噬嗑：shì he；22. 贲：bì；23. 剥：bō；

24. 复：fù；25. 无妄：wúwàng；26. 大畜：dàxù；

27. 颐：yí；28. 大过：dàguò；

29. 坎：kǎn；30. 离：lí；

31. 咸：xián；32. 恒：héng；

33. 遁：dùn；34 大壮：dà zhuàng；35. 晋：jìn；

36. 明夷：míng yí；37. 家人：jiā rén；

38. 睽：kuí；39. 蹇：jiǎn；40. 解：xiè；

41. 损：sǔn；42. 益：yì；43. 夬：guài；

44. 姤：gòu；45. 萃：cuì；46. 升：shēng；

47. 困：kùn；48. 井：jǐng；49. 革：gé；

50. 鼎：dǐng；51. 震：zhèn；52. 艮：gèn；

53. 渐：jiàn；54. 归妹：guī mèi；55. 丰：fēng；

56. 旅：lǚ；57. 巽：xùn；58. 兑：duì；

59. 涣：huàn；60. 节：jié；61. 中孚：zhōng fú；

62. 小过：xiǎoguò；63. 既济：jìjì；64. 未济：wèijì。

附录七：卦名次序歌

乾坤屯蒙需讼师，比小畜兮履泰否。

同人大有谦豫随，蛊临观兮噬嗑贲。

剥复无妄大畜颐，大过坎离三十备。

咸恒遁兮及大壮，晋与明夷家人睽。

蹇解损益夬姤萃，升困井革鼎震继。

艮渐归妹丰旅巽，兑涣节兮中孚至。

小过既济兼未济，是为下经三十四。

附录八：六十四卦纳甲全图

乾宫八卦全图

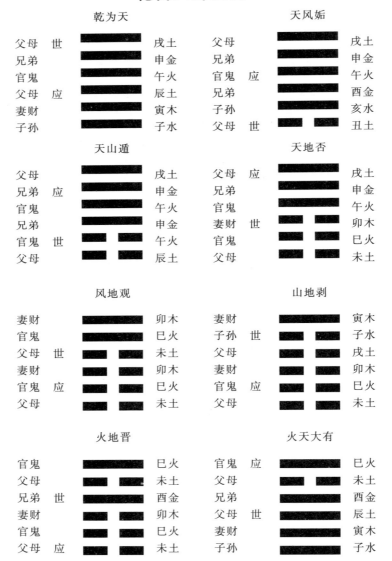

乾为天

父母	世		戌土
兄弟			申金
官鬼			午火
父母	应		辰土
妻财			寅木
子孙			子水

天风姤

父母			戌土
兄弟			申金
官鬼	应		午火
兄弟			酉金
子孙			亥水
父母	世		丑土

天山遁

父母			戌土
兄弟	应		申金
官鬼			午火
兄弟			申金
官鬼	世		午火
父母			辰土

天地否

父母	应		戌土
兄弟			申金
官鬼			午火
妻财	世		卯木
官鬼			巳火
父母			未土

风地观

妻财			卯木
官鬼			巳火
父母	世		未土
妻财			卯木
官鬼	应		巳火
父母			未土

山地剥

妻财			寅木
子孙	世		子水
父母			戌土
妻财			卯木
官鬼	应		巳火
父母			未土

火地晋

官鬼			巳火
父母			未土
兄弟	世		酉金
妻财			卯木
官鬼			巳火
父母	应		未土

火天大有

官鬼	应		巳火
父母			未土
兄弟			酉金
父母	世		辰土
妻财			寅木
子孙			子水

坎宫八卦全图

坎为水

兄弟	世		子水
官鬼			戌土
父母			申金
妻财	应		午火
官鬼			辰土
子孙			寅木

水泽节

兄弟			子水
官鬼			戌土
父母	应		申金
官鬼			丑土
子孙			卯木
妻财	世		巳火

水雷屯

兄弟			子水
官鬼	应		戌土
父母			申金
官鬼			辰土
子孙	世		寅木
兄弟			子水

水火既济

兄弟	应		子水
官鬼			戌土
父母			申金
兄弟	世		亥水
官鬼			丑土
子孙			卯木

泽火革

官鬼			未土
父母			酉金
兄弟	世		亥水
兄弟			亥水
官鬼			丑土
子孙	应		卯木

雷火丰

官鬼			戌土
父母	世		申金
妻财			午火
兄弟			亥水
官鬼	应		丑土
子孙			卯木

地火明夷

父母			酉金
兄弟			亥水
官鬼	世		丑土
兄弟			亥水
官鬼			丑土
子孙	应		卯木

地水师

父母	应		酉金
兄弟			亥水
官鬼			丑土
妻财	世		午火
官鬼			辰土
子孙			寅木

艮宫八卦全图

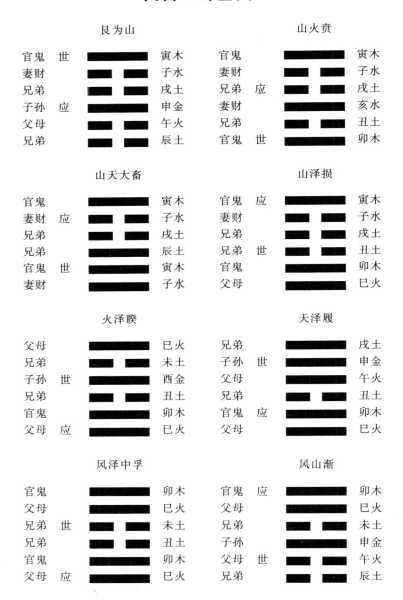

艮为山

官鬼	世		寅木
妻财			子水
兄弟			戌土
子孙	应		申金
父母			午火
兄弟			辰土

山火贲

官鬼			寅木
妻财			子水
兄弟	应		戌土
妻财			亥水
兄弟			丑土
官鬼	世		卯木

山天大畜

官鬼			寅木
妻财	应		子水
兄弟			戌土
兄弟			辰土
官鬼	世		寅木
妻财			子水

山泽损

官鬼	应		寅木
妻财			子水
兄弟			戌土
兄弟	世		丑土
官鬼			卯木
父母			巳火

火泽睽

父母			巳火
兄弟			未土
子孙	世		酉金
兄弟			丑土
官鬼			卯木
父母	应		巳火

天泽履

兄弟			戌土
子孙	世		申金
父母			午火
兄弟			丑土
官鬼	应		卯木
父母			巳火

风泽中孚

官鬼			卯木
父母			巳火
兄弟	世		未土
兄弟			丑土
官鬼			卯木
父母	应		巳火

风山渐

官鬼	应		卯木
父母			巳火
兄弟			未土
子孙			申金
父母	世		午火
兄弟			辰土

震宫八卦全图

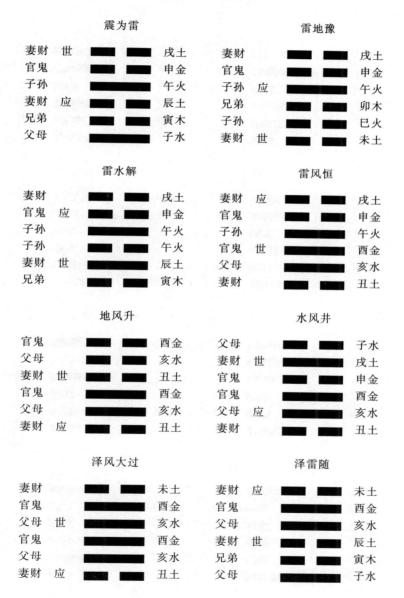

震为雷

妻财	世		戌土
官鬼			申金
子孙			午火
妻财	应		辰土
兄弟			寅木
父母			子水

雷地豫

妻财			戌土
官鬼			申金
子孙	应		午火
兄弟			卯木
子孙			巳火
妻财	世		未土

雷水解

妻财			戌土
官鬼	应		申金
子孙			午火
子孙			午火
妻财	世		辰土
兄弟			寅木

雷风恒

妻财	应		戌土
官鬼			申金
子孙			午火
官鬼	世		酉金
父母			亥水
妻财			丑土

地风升

官鬼			酉金
父母			亥水
妻财	世		丑土
官鬼			酉金
父母			亥水
妻财	应		丑土

水风井

父母			子水
妻财	世		戌土
官鬼			申金
官鬼			酉金
父母	应		亥水
妻财			丑土

泽风大过

妻财			未土
官鬼			酉金
父母	世		亥水
官鬼			酉金
父母			亥水
妻财	应		丑土

泽雷随

妻财	应		未土
官鬼			酉金
父母			亥水
妻财	世		辰土
兄弟			寅木
父母			子水

巽宫八卦全图

巽为风

兄弟	世	▬▬▬▬	卯木
子孙		▬▬▬▬	巳火
妻财		▬▬ ▬▬	未土
官鬼	应	▬▬▬▬	酉金
父母		▬▬▬▬	亥水
妻财		▬▬ ▬▬	丑土

风天小畜

兄弟		▬▬▬▬	卯木
子孙		▬▬▬▬	巳火
妻财	应	▬▬ ▬▬	未土
妻财		▬▬▬▬	辰土
兄弟		▬▬▬▬	寅木
父母	世	▬▬▬▬	子水

风火家人

兄弟		▬▬▬▬	卯木
子孙	应	▬▬▬▬	巳火
妻财		▬▬ ▬▬	未土
父母		▬▬▬▬	亥水
妻财	世	▬▬ ▬▬	丑土
兄弟		▬▬▬▬	卯木

风雷益

兄弟	应	▬▬▬▬	卯木
子孙		▬▬▬▬	巳火
妻财		▬▬ ▬▬	未土
妻财	世	▬▬ ▬▬	辰土
兄弟		▬▬ ▬▬	寅木
父母		▬▬▬▬	子水

天雷无妄

妻财		▬▬▬▬	戌土
官鬼		▬▬▬▬	申金
子孙	世	▬▬▬▬	午火
妻财		▬▬ ▬▬	辰土
兄弟		▬▬ ▬▬	寅木
父母	应	▬▬▬▬	子水

火雷噬嗑

子孙		▬▬▬▬	巳火
妻财	世	▬▬ ▬▬	未土
官鬼		▬▬▬▬	酉金
妻财		▬▬ ▬▬	辰土
兄弟	应	▬▬ ▬▬	寅木
父母		▬▬▬▬	子水

山雷颐

兄弟		▬▬▬▬	寅木
父母		▬▬ ▬▬	子水
妻财	世	▬▬ ▬▬	戌土
妻财		▬▬ ▬▬	辰土
兄弟		▬▬ ▬▬	寅木
父母	应	▬▬▬▬	子水

山风蛊

兄弟	应	▬▬▬▬	寅木
父母		▬▬ ▬▬	水土
妻财		▬▬ ▬▬	戌土
官鬼	世	▬▬▬▬	酉金
父母		▬▬▬▬	亥水
妻财		▬▬ ▬▬	丑土

离宫八卦全图

离为火

兄弟	世		巳火
子孙			未土
妻财			酉金
官鬼	应		亥水
子孙			丑土
父母			卯木

火山旅

兄弟		巳火
子孙		未土
妻财	应	酉金
妻财		申金
兄弟		午火
子孙	世	辰土

火风鼎

兄弟		巳火
子孙	应	未土
妻财		酉金
妻财		酉金
官鬼	世	亥水
子孙		丑土

火水未济

兄弟	应	巳火
子孙		未土
妻财		酉金
兄弟	世	午火
子孙		辰土
父母		寅木

山水蒙

父母		寅木
官鬼		子水
子孙	世	戌土
兄弟		午火
子孙		辰土
父母	应	寅木

风水涣

父母		卯木
兄弟	世	巳火
子孙		未土
兄弟		午火
子孙	应	辰土
父母		寅木

天水讼

子孙		戌土
妻财		申金
兄弟	世	午火
兄弟		午火
子孙		辰土
父母	应	寅木

天火同人

子孙	应	戌土
妻财		申金
兄弟		午火
官鬼	世	亥水
子孙		辰土
父母		卯木

坤宫八卦全图

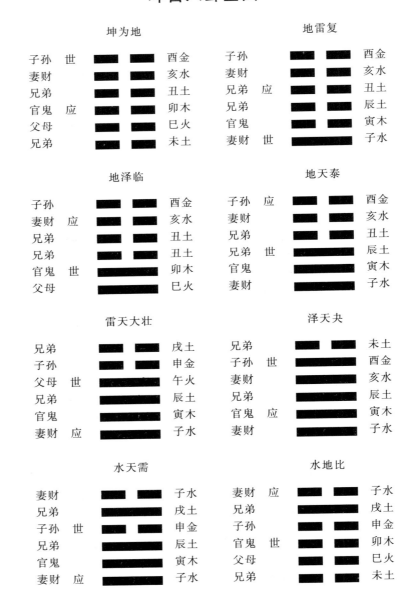

坤为地

子孙	世		酉金
妻财			亥水
兄弟			丑土
官鬼	应		卯木
父母			巳火
兄弟			未土

地雷复

子孙			酉金
妻财			亥水
兄弟	应		丑土
兄弟			辰土
官鬼			寅木
妻财	世		子水

地泽临

子孙			酉金
妻财	应		亥水
兄弟			丑土
兄弟			丑土
官鬼	世		卯木
父母			巳火

地天泰

子孙	应		酉金
妻财			亥水
兄弟			丑土
兄弟	世		辰土
官鬼			寅木
妻财			子水

雷天大壮

兄弟			戌土
子孙			申金
父母	世		午火
兄弟			辰土
官鬼			寅木
妻财	应		子水

泽天夬

兄弟			未土
子孙	世		酉金
妻财			亥水
兄弟			辰土
官鬼	应		寅木
妻财			子水

水天需

妻财			子水
兄弟			戌土
子孙	世		申金
兄弟			辰土
官鬼			寅木
妻财	应		子水

水地比

妻财	应		子水
兄弟			戌土
子孙			申金
官鬼	世		卯木
父母			巳火
兄弟			未土

兑宫八卦全图

兑为泽

父母	世		未土
兄弟			酉金
子孙			亥水
父母	应		丑土
妻财			卯木
官鬼			巳火

泽水困

父母			未土
兄弟			酉金
子孙	应		亥水
官鬼			午火
父母			辰土
妻财	世		寅木

泽地萃

父母			未土
兄弟	应		酉金
子孙			亥水
妻财			卯木
官鬼	世		巳火
父母			未土

泽山咸

父母	应		未土
兄弟			酉金
子孙			亥水
兄弟	世		申金
官鬼			午火
父母			辰土

水山蹇

子孙			子水
父母			戌土
兄弟	世		申金
兄弟			申金
官鬼			午火
父母	应		辰土

地山谦

兄弟			酉金
子孙	世		亥水
父母			丑土
兄弟			申金
官鬼	应		午火
父母			辰土

雷山小过

父母			戌土
兄弟			申金
官鬼	世		午火
兄弟			申金
官鬼			午火
父母	应		辰土

雷泽归妹

父母	应		戌土
兄弟			申金
官鬼			午火
父母	世		丑土
妻财			卯木
官鬼			巳火

157

附录九：野鹤老人占断捷诀

野鹤曰：昔者吾友宦游时，以此全图相送，友曰："余不知五行，焉知断卦？"予曰："先学点卦，点出卦象，看是何卦，即在全图内，寻出此卦，照样装排世应、五行、六亲，不用念卦书。即不知五行生克之理，亦能决断四宗大事。不管卦中动与不动，即照全图内，单看世爻。"

〇占防忧虑患者，若得子孙持世，无忧；官鬼持世，忧疑难解，须宜加意防之。

〇占功名者，若得官鬼持世，即许成名；子孙持世，且宜待时。

〇占求财，妻财持世者，必得；兄弟持世者，难求。

〇占病者，若得六冲卦，近病不药而愈，久病妙药难调。

友曰："何以谓之子孙持世？"予曰："子孙与世字同在一爻者，即为子孙持世。倘得官鬼与世字同在一爻者，即是官鬼持世。其余兄弟、妻财持世，皆同此说。"〇要知何为六冲卦者，乾为天、坎为水、艮为山、震为雷、巽为风、离为火、坤为地、兑为泽，此八宫头一卦，皆是六冲卦。再者，天雷无妄、雷天大壮，亦是六冲卦。一共十卦，其余不是。

或问曰："求官者，若得官鬼持世，求名必成；求财者，若得妻财持世，求财必得。倘若官鬼爻与妻财爻，或值旬空月破，或被卦中子孙发动以伤官，兄弟发动以伤财，虽遇官鬼持世、妻财持世，有何益也？"予曰："尔知五行之理，神早知之，所得之卦，若非凶中藏吉，定是吉里藏凶。此乃神圣引人以知其奥，自然要看旬空月破，生克冲刑。今吾友不知五行之理，神亦早知。如若求名，祷于神曰：'功名若成，赐我官鬼持世；倘若无望，赐我子孙持世。'如占防忧患，祷于神曰：'目下若有祸者，卦得官鬼持世；若能免祸逃灾者，赐我子孙持世。'所得之卦，自然显而易见。若有隐微者，即是神亦欺人，何以为神？况予作此一段简易之法，单欲教其全不知五行之士学会占卦，即照全图装排，就知决断四宗大事。倘若稍知五行之理者，不可以此为法，务必细看此书后卷，何谓空而不空、破而不破；何为墓而不墓、绝而不绝；何为真反吟、假伏吟；何谓进不进、退不退；何为回头克者生，何为回头克者死；何处可用神煞，何处不看用神；何为占此而应彼，何为占远而应近；何为得其法者百占百灵，何为不得其法者百占不验；何为元神有力不生用神，何为忌神无力能害用神；何处辟诸书者之谬，何处增巧验之奇。细观种种秘法，方能决事如神。"

或又问曰："假令占防灾虑患，若得子孙持世，自是无忧。若得官鬼持世，惊恐必见。倘卦中并不现者，何以决之？"予曰："一卦不见，再占一卦；再占不见，明日又占。昔人泥其不敢再渎，所以无法。予见《易经》有云：'三人占，听二人之言。'古人一事既可决于三处，今人何妨再渎？予生平以来，稍得其奥者，全赖多占之力也。事之缓者，迟日再占。事之急者，歇歇又占。不拘早晚，不必焚香。深更半夜，亦可占之。只要单为此事而占，不可又占他事。但有心怀两三事而占卦者，非一念之诚，决无灵验。假令占功名，或是官鬼持世，或是子孙持世，得其一者，得失已知，不必占矣。不可厌其子孙持世，务求其官鬼持世而后已。此非理也。如占求财，或是妻财持世，或是兄弟持世，得其一者则止，不必再占。倘一事而与众人同其祸福者，各占一卦，决之更易。即如行舟遇暴风，家中防火烛，人人俱可占之。但有一卦，若得子孙持世，皆同无患。又如占疾病，病人自占，若不得六冲卦者，一家俱可代占。但有一人得六冲之卦，或系近病，或系久病，吉凶自了然矣。"

予又告吾友曰："此法甚善，名为'赛锦囊'。予幼时，止会点卦，不知装卦，照此全图，装排决断。少经离乱，风波颠险，危处叨安，赖此之力。但予还有秘法，一并教尔。凡系自身之祸福者，只宜暗中卜之，照此决断，不可令人在旁。占过之时，吉凶自知，切不可又将此卦而问识者。尔若安心问人，神亦早知，所得之卦，定有深奥。宁可存此卦帖，待事过之后，然后问人。"

前说防灾忧患，及占功名，占求财，乃系题头。尔今初学占卦，恐尔不知何事当占，今予细写始末，使尔凡遇后事，照此卜之。

占防忧虑患者。

或为国计民生，陈言献策。或为条陈将相，谏诤君非，恐其事之不行，祸先及己。或为行江漂海，前途虑贼盗风波。或见远方火起，恐灾殃延及其家。或闻瘟疫流行，能为我害。或见飞蝗遍野，能害我苗。或孤行无伴，或庙宿旅眠。家防火烛，宅见妖邪。或随营贸易，或踰险越关。或已入是非之场，心忧祸患。或欲管闲事，恐惹灾非。或入病家，以防沾染。或误服毒物，恐致伤生。或服人参药饵，益于我否。或驭野兽烈马，恐致惊伤。或已定重罪而盼赦，或已得重病以防危。或见远处有可疑之舟，或见外来有可疑之人。或买官房公地，有后患否。或买山场茔地，有是非否。或错买盗物，或立险处。或见邻家有兽头照壁，冲射我宅，能为害否。或见邻山新葬，及开窑盖庙，犯先茔否。

已上皆系防灾虑患，但得**子孙持世者，安如泰山，当行即行，有吉无凶。若得官鬼持世，忧疑不解，加意防之。即使当行，亦勿行也。**

惟陈言谏净者，又非此论。若果真正为国计民生，损躯为国，即使官鬼持世，亦宜行之。

前说诸事，以子孙持世而为吉，官鬼持世以为忧。此二者卦若不现，尽可再占，但有一现者，不必占矣。然又有事之缓急不同，假令江海开舟，倘得官鬼持世，岂有永不开行之理？岂不闻"早开一日以逢凶，迟去半时而免祸"？倘若今日占得官鬼持世，且莫开舟。明日再占，后日又占，但遇子孙持世，即便开行。事之有相似者，悉照此可也。

占功名。

不拘文武，或已仕未仕，但得官鬼持世，盼升即升，候选既选，入场必中，童试必取。罣误者，官职忧存；黜名者，前程可获。林下久居，定蒙起用；考职考艺，必取其名。纳粟者名等仕籍，开垦者加等即升，问缺者此缺必得，建功者必建奇功。但不**宜子孙持世，一切功名，尽乃目前失望。**待有机会，下次再占。

余又以占卜秘法，告于友曰："防灾虑患及占功名，只可自己决疑，不可代人占卜。自占防患者，独萌一点防患之心；占功名者，独有一点功名之念，自有灵验。恐其他人不知子孙与官鬼之理，既有虑祸之心，又有求名之念，便难决断。譬如上书谏言，此人若无官者，未必不欲借此以求名，而防祸之心亦所不免；有官爵者，既防功名之有失，又虑言出而祸随；又如身有前程者，或已仕，或未仕，目今罣误，事尚未结，既虑失官，又防有罪，此三等之人，皆谓之'心怀二念'。卦中倘得子孙持世，而欲许其无事，又恐神报失名；尔若许之，碍于功名，又恐神报无忧。所以教尔自占必验，代占不灵，非卦不灵，他心不专于一也。"

又如在任，占地方之惊变，及旱涝灾荒，此即谓之"防灾虑患"。若子孙持世，盗息民安；**若得官鬼持世，诸灾必见。**但不可占远年，只可占本岁。虽占本岁，亦不可将此数事一卦而占，须宜每事另占一卦可已。

又如已见惊变，惟恐罣误，此即谓之"虑功名之有失"。最喜官鬼持世，不宜子孙而持世也。

又如在任，无事之时，祷于神曰："我莅此任，将来能于升否？"若得官鬼持世，一定高迁；子孙持世，必有罣误。

又如未达之士，或才品优长，获武艺过人，占我终能成名否？官鬼持世，食禄有期；子孙持世，终无可望。

又如有祖荫，或已援例，或已立功，凡系已有部札批文委牌等事，问我将来终能出仕否？官鬼持世，一定飞腾；子孙持世，安心株守。

又如士子，先占一卦，今科中否？若得官鬼持世，金榜标名；子孙持世，即知今科而失望也。改日再占，下科中否？倘又得子孙持世，又知下科不能。另择一日，再占终身，可能中否？

若得官鬼持世，终能奋发；倘得子孙持世，改业他图，可免儒巾之累。

孝廉占会试，童生占入学，皆同此法。

已上此法，皆秘法也。须要节节问去，卦无不灵。倘若未问目下，先问终身久远之事，殊不知神报近事者多，世人不识此理，胸中多少未决之事，先问终身，神且报尔胸中之疑，而断卦之人，亦不知此神意，竟以终身决之，岂非天壤之隔，全无影响？

占财。

问钱粮，可能征收足否？领钱粮，可能全领否？妻财持世丰足，兄弟持世赔赔。

问买卖经营，开张店面，及远处求财，或见贵求财，倘得妻财持世，速且行之；兄弟持世，须宜止之。

占经商贸易，开张店面，若已行久矣，问将来兴废何如？妻财持世，愈久愈丰；倘得兄弟持世，从今衰矣。

占囤货者，妻财持世，此货可买，兄弟持世，切不可买。

占放债者，兄弟持世，有借无还，妻财持世，始终两好。

占取债者，妻财持世，即使目下不得，终须有还；兄弟持世，改日再占。倘若屡占而得兄弟持世者，如水中以捞月也。若屡占而得官鬼持世者，必要经官。

占开金银铜铁铅矿及开煤窑、矾山，及买山、伐木、园林、盐池、鱼沼，凡系山岗、江海以取利者，若得妻财持世，物阜财丰；兄弟持世，破财折本。

占烧丹炼汞，世无此理，卦不必占，念亦莫起。即使卦得妻财持世，乃应别处之财。曾有人占烧丹，卦得戌土财爻持世，午火子孙发动相生，只谓戌月一定成丹。谁知九月妻妾子女由数千里而来，异乡团聚。戌土妻财者，而应妻妾；午火子孙动者，而应子女。此乃占此应彼，可见"《易》为君子谋"。非理之求，神不报此而应彼也。

占地下忽见光彩异物，或见黄白奇形，疑其有财者，若得妻财持世，必有金银；兄弟持世，不独无财，反有破财之事；倘得官鬼持世者，必是妖邪。

告吾友曰："世人凡有疑难，开口则曰求神问卜。可见欲知未来之吉凶，除卜之外，无他矣。予习《周易》有年，所卜之事，感应之理，就如神圣开口说话，真令人毛骨悚然。因尔不知《周易》之妙，不念卦书，不得不送此秘诀，试去行之。尔见其灵，从此自肯念书学卜。此法甚善，尔亦可以传人。缙绅士民、行商坐贾，无人不可不用。须要全不知五行生克之人，方用此法；倘若稍知五行者，神必现隐微之卦，须要看用神生克制化，月破旬空，并看后卷《求名》《求财》及《疾病章》断法，不可以此为法。"吾友拜领而去。一别二十余年，异日相会予曰："蒙赐全图，真如锦囊。数十年来，避凶趋吉，全得此力。许多细事，难以枚举，略以几宗而告之。忽有一日，有收放钱粮之差，应当委我，闻他人以财干办。予占一卦，兄弟持世，知有赔累，听伊干之，后果赔赔不已。又因地现银矿，众约予开，予占数卦，不见兄弟妻财持世，难以决断。屡占见其兄弟持世，知其无益，决意不行。他人开过年余，费过数千余两，后竟掘出泉流。予得免此浪费。又一日，舟泊南昌，忽见西北云汇，疑有风暴，同舟之人，俱已占过，不见官鬼子孙持世，亦难决断。末后梢子占得官鬼持世，予即速命开船，湾于避风之处。少刻狂风大作，江上坏船二十余只，独予得免。又因贱荆偶得疯疾，危在旦夕，身原虚弱，医命人参救之。又一医曰：'服人参即死。'予占得震为雷变雷泽归妹，乃是六冲卦，参药俱不用服，知其近病逢冲即愈，果于申日退灾。还有两宗大事，身家性命所关，皆得保全。一日解饷十万，行至花山，午月甲子日，占得艮为山，官鬼持世，知其有盗，吩咐梢子传知同行之舟，且莫开行；他船不听，俱已开去。及至巳时，塘兵报曰：'前船被盗。'后赶上见之，哭声两岸。又于巳月壬申日，与众乡人避乱于山。众曰'此地不稳'，移往灵鸡洞避之。予占一卦，问'此地稳否'。占得天雷无妄，午火子孙持世，约众勿迁。有不信者，竟自迁去，后被贼人放火薰洞，洞内之人俱遭烟死，独予合室保全。此数事，非身家性命之所关也？余今愿领其教，欲识五行生克之理，可得闻欤？"

予曰："《周易》之道，知天时之旱涝，识地利之丰歉，知时运之兴衰，知疾病之生死，知功名之成败，知财帛之聚散，知祸福之趋避，为人不可不学《易》也。孔子曰：'假我数年，五十以学《易》，可以无大过矣。'尔今先念《浑天甲子》《六亲歌》，占出卦来，会装五行六亲，再学变动，卦中必有动爻，动则必变。既知动变，然后再看用神、元神、忌神，知此者即如入《周易》之门也。再看《四时旺相章》《五行相生相克章》《五行相冲相合章》《旬空月破生旺墓绝章》，又如升《周易》之堂矣。再看后卷各门各类，占何事以何法断之，渐渐由浅入深，以得其奥。不须半载工夫，得余数十年之积学也。今予先点一卦，教尔学看用神及五行生克旺衰之理。"

凡问事，先写年月日辰，再照《六神章》中写出六神，然后占卦。

即如占得乾为天卦。

乾为天

父母	世		戌土
兄弟			申金
官鬼			午火
父母	应		辰土
妻财			寅木
子孙			子水

自占吉凶者，以世爻为用神。此卦世临戌土，即以此戌土为自己之身。宜于旺相，最怕休囚。宜逢巳午之火相生，最忌寅卯之木而相克，又不宜世爻落空，更不宜世临月破。

此世爻戌土，有四处生克冲合。

月建能生克冲合，一也。

此卦世爻戌土，若在寅卯月占卦，被寅卯之木伤克，即为"世爻受伤"。自占吉凶者，谓之休囚，不利。若在辰月占卦，辰冲戌土，戌为月破，此谓之"世爻逢月破"，即如自己身子如破物也，百无所用。

若在巳午月占卦，巳午之火乃是官星，能生戌土，谓之"火旺土相"。世爻逢旺相，诸事可为。

若在未丑月占卦，此两月土旺之时，亦能帮扶戌土。此世爻戌土，亦谓之"旺相"，亦以为吉。

若在戌月占卦，世爻戌土而为月建，此方旺相，以当时也。自占吉凶，诸事亨通。

若在申酉亥子月占卦，此戌土皆为泄气之时，谓之"世爻休囚"，无力。

此谓之月建能生克冲合世爻戌土之用神也。

要知何以谓之用神者，自占吉凶，用此世爻为主，不曰世爻，而曰用神。占父母，以父母爻为用神。

日辰能生克冲合，二也。

此卦世爻戌土，若在寅卯日占卦，寅卯之木，能克戌土，此世爻受日辰伤克，不利之象。

若在辰日占卦，辰冲戌土，谓之"世爻暗动"。

若在巳午日占卦，巳午之火，即是官鬼，能生戌土，此谓之"世爻逢官鬼而生旺"，诸事皆吉。

若在未丑二日占卦，土遇土而帮扶，此戌土亦为得助。

若在戌日占卦，谓之"世爻临日建"，当令得权。

若在申酉亥子日占卦，此戌土无克无生。

此谓之日建能生克冲合用神也。

卦中之动爻能生克冲合，三也。

此卦世爻戌土，倘卦中第二爻寅木发动，能克戌土；第四爻午火官鬼发动，能生戌土；第三爻辰土发动，能冲戌土。此谓之卦中之动爻能生克冲合用神。

世爻自动变出之爻能回头生克，四也。

世爻发动，动而必变，变出巳午之火，谓之"回头生世"；变出寅卯之木，谓之"回头克世"；变出辰土，谓之"回头冲世"；变出卯木，谓之"合世"。

此谓之用神自动变出之爻，能生克冲合用神也。

以上四处，若得全来生合用神者，诸占全吉。倘有三处相生，一处相克，亦以吉断。若有两处克、两处生者，须看旺衰。生用神之神旺相者，则以吉断；克用神之神旺相者，可作凶推。倘遇三处相克，一处相生，若得相生之爻旺相者，亦可谓之克处逢生，凶中得解。若值休囚者，有生之名，无生之实，与四处俱来克者同断，诸占大凶。

或问曰："此卦世爻戌土，并无变出寅卯巳午之理。"予曰："他爻多有变出回头生克，借此以为法也。"

又问曰："卯木能克戌土，又与戌合，还以之为克，还是以之为合？"予曰："《五行相合章》注解极明。"

又问曰："此卦乾为天，卦中午火作官星是也。如何午月午日占卦，亦以此午火作官星，何也？"予曰："不拘占得何卦，卦内若以巳午火作官星者，如遇巳午月日占卦，此巳午月日亦作官星；卦中若以巳午之火作财星者，而日月巳午也作财星。余仿此。"

旺相休囚者，《四时旺相章》查之。

空破者，《旬空月破章》查之。

冲合者，《五行相冲五行相合章》查之。

生克者，《五行相生五行相克章》查之。

元神者，《元神章》查之。

用神官星者，在《用神章》查之。

暗动者，在《暗动章》查之。

回头生回头克者，在《动变生克章》查之。

日辰月建者，在《日辰月将章》查之。

占父母者，以卦中父母爻为用神。此卦辰戌两爻，俱是父母。若两爻俱动，或不动，择其旺者而为用神。如一爻动者，择其动者为用神。父母即临辰戌二土，即以土为父母，宜火相生，怕木相克，忌临月破、旬空，亦有四处生克冲合。但宜生多克少为吉，与前世爻相参看。

占宅舍舟车、文书章奏，皆以父母爻为用神，须在《用神章》细看。

占他人者，以应爻为用神。此卦应临辰土，欲其吉者，宜四处相生；欲其衰者，宜四处以冲克。

占兄弟者，以兄弟爻为用神。此卦申金兄弟，即为用此爻。宜土相生，怕火相克，忌临月破、旬空，亦有四处生克，俱是多生少克为吉，克多生少为凶。

又云：兄弟爻乃劫财之神。如占弟兄姐妹之否泰者，宜其生旺，不宜临月破旬空。如占妻妾婢仆及财物者，最宜多克生少，更喜逢空逢破，使其不能劫我之财，克我之妻妾婢仆。

占妻妾婢仆及占财物者，以妻财爻为用神。此卦寅木妻财，即是用神。忌临旬空月破，宜水相生，怕金相克。亦有四处生克。多生少克为吉，与前同看。

凡占金银、买卖，皆以妻财为用神，须在《用神章》中细看。

占子孙者，以子孙为用神。此卦爻子水即是用神，忌临月破、旬空，喜金相生，怕土相克。亦有四处生克冲合。宜其少克生多，照前同看。

占他事者，以子孙爻为用神者，亦多《用神章》查之。

占功名者，以官鬼爻为用神。此卦午火官星，即用此爻。最忌逢空逢破，怕水相克，宜木相生。亦有四处生克，与前同看。

占鬼祟、妖孽、乱臣、贼盗，皆以官鬼爻为用神，须在《用神章》细看。

从前至此，所论诸事，后卷俱有细法。恐尔初学，不得其门而入，写此以为纲领，引尔入门也。知此纲领，再细详后卷各章，由浅入深，自入佳境。

前八宫全图，皆是静爻。然卦必有动，动则必变，后篇虽有动变章，恐尔不明，再排一变卦为式，当尔细详。卦有"○"儿变出，"○"儿为重，重为阳，阳动变阴。卦有"×"变出，"×"儿为交，交为阴，阴动变阳。

即如占得"泽天夬"变出"天风姤"卦。

上三爻外卦乃是兑卦，兑为泽。

下三爻内卦乃是乾卦，乾为天。

泽在上，天在下，即是泽天夬卦。于全图内，寻出泽天夬卦，照样装出世应、五行、六亲，然后再看动爻。

上三爻兑卦，第六爻"交"动，变出"▬▬"爻，即是兑卦变乾卦，为乾为天。

下三爻乾卦，初爻"重"动，"○"变为"▬ ▬"爻，即是乾卦变巽卦，巽为风。天在上，风在下，即是变出天风姤卦。再往全图内，寻出天风姤卦，以姤卦初爻之丑土，写在前卦初爻发动子水之旁，谓之子水变出丑土。以姤卦第六爻之戌土，写在前卦六爻发动之旁，即是未土变出戌土。余爻不动，不变，不必写出。

安六亲者，姤卦之丑土、戌土，原是父母，今俱写兄弟，何也？六亲须照前卦而安也。前卦泽天夬，土为兄弟，所以变卦之丑、戌二土，亦写兄弟。余卦仿此。

附录十：古今卜筮名流列传

汉　司马季主：按《史记·司马季主传》：季主者，楚人也。卜于长安东市。宋忠为中大夫，贾谊为博士，同日俱出洗沐，相从论议，诵易先王圣人之道术，究遍人情，相视而叹。贾谊曰："吾闻古之圣人，不居朝廷，必在卜医之中，今吾已见三公九卿，朝士大夫，皆可知矣。试之卜数中以观采。"二人即同舆而之市，游于卜肆中。天新雨，道少人，司马季主闲坐，弟子三四人侍，方辩天地之道、日月之运、阴阳吉凶之本。二大夫再拜谒。司马季主视其状貌，如类有知者，即礼之，使弟子延之坐。坐定，司马季主复理前语，分别天地之终始，日月星辰之纪，差次仁义之际，列吉凶之符，语数千言，莫不顺理。宋忠、贾谊瞿然而悟，猎缨正襟危坐，曰："吾望先生之状，听先生之辞，小子窃观于世，未尝见也。今何居之卑，何行之汙？"司马季主捧腹大笑曰："观大夫类有道术者，今何言之陋也，何辞之野也！今夫子所贤者何也？所高者谁也？今何以卑汙长者？"二君曰："尊官厚禄，世之所高也，贤才处之。今所处非其地，故谓之卑。言不信，行不验，取不当，故谓之汙。夫卜筮者，世俗之所贱简也。世皆言曰：夫卜者多言夸严以得人情，虚高人禄命以说人志，擅言祸灾以伤人心，矫言鬼神以尽人财，厚求拜谢以私于己。此吾之所耻，故谓之卑汙也。"司马季主曰："公且安坐。公见夫被发童子乎？日月照之则行，不照则止，问之日月疵瑕吉凶，则不能理。由是观之，能知别贤与不肖者寡矣。贤之行也，直道以正谏，三谏不听则退。其誉人也不望其报，恶人也不顾其怨，以便国家利众为务。故官非其任不处也，禄非其功不受也；见人不正，虽贵不敬也；见人有汙，虽尊不下也；得不为喜，去不为恨；非其罪也，虽累辱而不愧也。今公所谓贤者，皆可为羞矣。卑疵而前，孊趋而言，相引以势，相导以利；比周宾正，以求尊誉，以受公奉；事私利，枉主法，猎农民；以官为威，以法为机，求利逆暴，譬无异于操白刃劫人者也。初试官时，倍力为巧诈，饰虚功执空文以调主上，用居上为右；试官不让贤陈功，见伪增实，以无为有，以少为多，以求便势尊位；食饮驱驰，从姬歌儿；不顾于亲，犯法害民，虚公家，此夫为盗不操矛弧者也，攻而不用弦刃者也，欺父母未有罪而弑君未伐者也。何以为高贤才乎？盗贼发不能禁，夷貊不服不能摄，奸邪起不能塞，官牦乱不能治，四时不和不能调，岁谷不熟不能适。才贤不为，是不忠也；才不贤而托官位，利上奉，妨贤者处，是窃位也；有人者进，有财者礼，是伪也。子独不见鸱枭之与凤皇翔乎？兰芷芎蒡弃于广野，蒿萧成林，使君子退而不显众，公等是也。述而不作，君子义也。今夫卜者，必法天地，象四时，顺于仁义，分策定卦，旋式正棊，然后言天地之利害，事之成败。昔先王之定国家，必先龟策日月，而后乃敢代；正时日，乃后入家；产子必先占吉凶，后乃有之。自伏羲作八卦，周文王演三百八十四爻而天下治。越王勾践仿文王八卦以破敌国，霸天下。由是言之，卜筮有何负哉！且夫卜筮者，扫除设坐，正其冠带，然后乃言事，此有礼也。言而鬼神或以飨，忠臣以事其上，孝子以养其亲，慈父以畜其子，此有德者也。而以义置数十百钱，病者或以愈，且死或以生，患或以免，事或以成，嫁子娶妇或以养生，此之为德，岂直数十百钱哉！此夫老子所谓'上德不德，是以有德'。今夫卜筮者利大而谢小，老子之云岂异于是乎？庄子曰：'君子内无饥寒之患，外无劫夺之忧，居上而敬，居下不为害，君子之道也。'今夫卜筮者之为业也，积之无委聚，藏之不用府库，徙之不用辎车，负装之不重，止而用之无尽索之时。持不尽索之物，游于无穷之世，虽庄氏之行，未能增于是也，子何故而云不可卜哉？天不足西北，星辰西北移；地不足东南，以海为池；日中必移，月满必亏；先王之道，乍存乍亡。公责卜者言必信，不亦惑乎！公见夫谈士辩人乎？虑事定计，必是人也，然不能以一言说人主意，故言必称先王，语必道上古；虑事定计，饰先王之成功，语其败害，以恐喜人主之志，以求其欲。多言夸严，莫大于此矣。然欲强国成功，尽忠于上，非此不立。今夫卜者，导惑教愚也。夫愚惑之人，岂能以一言而知之哉！言不厌多。故骐骥不能与罢驴为驷，而凤凰不与燕雀为群，而贤者亦不与不肖者同列。故君子处卑隐以辟众，自匿以辟伦，微见德顺以除群害，以明天性，助上养下，多其功利，不求尊誉。公之等喁喁者也，何知长者之道乎？"宋忠、贾谊忽而自失，芒乎无色，怅然噤口不能言。于是摄衣而起，再拜而辞。行洋洋也，出市门仅能自上车，伏轼低头，卒不能出气。居三日，宋忠见贾谊于殿门外，乃相引屏语相谓自叹曰："道高益安，势高益危。居赫赫之势，失身且有日矣。夫卜而有不审，不见夺糈；为人主计而不审，身无所处。此相去远矣，犹天冠地屦也。此老子之所谓'无名者万物之始'也。天地旷旷，物之熙熙，或安或危，莫知居之。我与若，何足预彼哉！彼久而愈安，虽曾氏之义，未有以异也。"久之，宋忠使匈奴，不至而还，抵罪。而贾谊为梁怀王傅，王堕马薨，谊不食，毒恨而死。此务华绝根者也。太史公曰：古者卜人所以不载者，多不见于篇。及至司马季主，余志而著之。

汉　严遵：按《高士传》：严遵，字君平，蜀人也。隐居不仕，常卖卜于成都市，日得百钱以自给。卜讫，则闭肆下帘，以著书为事。扬雄少从之游，屡称其德。李强为益州牧，喜曰："吾得君平为从事，足矣。"雄曰："君可备礼与相见，其人不可屈也。"王凤请交，不许。蜀有富人罗冲者，问君平曰："君何以不仕？"君平曰："无以自发。"冲为君平具车马衣粮。君平曰："吾病耳，非不足也。我有余，而子不足，奈何以不足奉有余？"冲曰："吾有万金，子无担石。乃云有余，不亦谬乎？"君平曰："不然，吾前宿子家，人定而役未息。昼夜汲汲，未尝有足。今我以卜为业，不下床而钱自至。有余数百，尘埃厚寸，不知所用。此非我有余而子不足耶？"冲大惭。君平叹曰："益吾货者，损吾神；生吾名者，杀吾身。故不仕也。"时人服之。

魏　管辂：按《魏志·管辂传》：辂字公明，平原人也。容貌粗丑无威仪而嗜酒，饮食言戏，不择非类，故人多爱之而不敬也。父为利漕，利漕民郭恩兄弟三人，皆得躄疾，使辂筮其所由。辂曰："卦中有君本墓，墓中有女鬼，非君伯母，当叔母也。昔饥荒之世，当有利其数升米者，排著井中，啧啧有声，推一大石，下破其头，孤魂冤痛，自诉于天。"于是恩涕泣服罪。广平刘奉林妇病困，已买棺器。时正月也，使辂占，曰："命在八月辛卯日日中之时。"林谓必不然，而妇渐差，至秋发动，一如辂言。辂往见安平太守王基，基令作卦，辂曰："当有贱妇人，生一男儿，堕地便走入灶中死。又床上当有一大蛇衔笔，小大共视，须臾去之也。又乌来入室中，与燕共斗，燕死，乌去。有此三怪。"基大惊，问其吉凶。辂曰："直官舍久远，魑魅魍魉为怪耳。儿生便走，非能自走，直宋无忌之妖将其入灶也。大蛇衔笔，直老书佐耳。乌与燕斗，直老铃下耳。今卦中见象而不见其凶，知非妖咎之征，自无所忧也。"后卒无患。时信都令家妇女惊恐，更互疾病，使辂筮之。辂曰："君此堂西头，有两死男子，一男持矛，一男持弓箭，头在壁内，脚在壁外。持矛者主刺头，故头重痛不得举也。持弓箭者主射胸腹，故心中县痛不得饮食也。昼则浮游，夜来病人，故使惊恐也。"于是掘徙骸骨，家中皆愈。清河王经去官还家，辂与相见。经曰："近有一怪，大不喜之，欲烦作卦。"卦成，辂曰："爻吉，不为怪也。君夜在堂户前，有一流光如燕爵者，入居怀中，殷殷有声，内神不安，解衣彷徉，招呼妇人，觅索余光。"经大笑曰："实如君言。"辂曰："吉，迁官之征也，其应行至。"顷之，经为江夏太守。辂又至郭恩家，有飞鸠来在梁头，鸣甚悲。辂曰："当有老公从东方来，携豚一头，酒一壶。主人虽喜，当有小故。"明日果有客，如所占。恩使客节酒，戒肉，慎火，而射鸡作食，箭从树间激中数岁女子手，流血惊怖。辂至安德令刘长仁家，有鸣鹊来在阁屋上，其声甚急。辂曰："鹊言东北有妇昨杀夫，牵引西家人夫离娄，候不过日在虞渊之际，告者至矣。"到时，果有东北同伍民来告，邻妇手杀其夫，诈言西家人与夫有嫌，来杀我婿。辂至列人典农王弘直许，有飘风高三尺余，从申上来，在庭中幢幢回转，息以复起，良久乃止。直以问辂，辂曰："东方当有马吏至，恐父哭子，如何！"明日胶东吏到，直子果亡。直问其故，辂曰："其日乙卯，则长子之候也。木落于申，斗建申，申破寅，死丧之候也。日加午而风发，则马之候也。离为文章，则吏之候也。申未为虎，虎为大人，则父之候也。"有雄雉飞来，登直内铃柱头，直大以不安，令辂作卦，辂曰："到五月必迁。"时三月也，至期，直果为渤海太守。馆陶令诸葛原迁新兴太守，辂往祖饯之，宾客并会。原自起取燕卵、蜂窠、蜘蛛著器中，使射覆。卦成，辂曰："第一物：含气须变，依乎宇堂。雄雌以形，翅翼舒张。此燕卵也。第二物：家室倒县，门户众多。藏精育毒，得秋乃化。此蜂窠也。第三物：觳觫长足，吐丝成罗。寻网求食，利在昏夜。此蜘蛛也。"举坐惊喜。辂族兄孝国居在斥丘，辂往从之，与二客会。客去后，辂谓孝国曰："此二人天庭及口耳之间同有凶气，异变俱起，双魂无宅，流魂于海，骨归于家，少许时当并死也。"复数十日，二人饮酒醉，夜共载车，牛惊下道入漳河中，皆即溺死也。当此之时，辂之邻里，外户不闭，无相偷窃者。清河太守华表，召辂为文学掾。安平赵孔曜荐辂于冀州刺史裴徽曰："辂雅性宽大，与世无忌，仰观天文则同妙甘公、石申，俯览《周易》则齐思季主。今明使君方垂神幽薮，留精九皋，辂宜蒙阴和之应，得及羽仪之时。"徽于是辟为文学从事，引与相见，大善友之。徙部巨鹿，迁治中别驾。初应州召，与弟季儒共载，至武城西，自卦吉凶，语儒云："当在故城中见三狸，尔者乃显。"前到河西故城角，正见三狸共踞城侧，兄弟并喜。正始九年举秀才。十二月二十八日，吏部尚书何晏请之，邓飏在晏许。

晏谓辂曰："闻君著爻神妙，试为作一卦，知位当至三公不？"又问："连梦见青蝇数十头，来在鼻上，驱之不肯去，有何意故？"辂曰："夫飞鸮，天下贱鸟，及其在林食椹，则怀我好音，况辂心非草木，敢不尽忠？昔元、凯之弼重华，宜慈惠和，周公之翼成王，坐而待旦，故能流光六合，万国咸宁。此乃履道休应，非卜筮之所明也。今君侯位重山岳，势若雷电，而怀德者鲜，畏威者众，殆非小心翼翼多福之仁。又鼻者艮，此天中之山，高而不危，所以长守贵。今青蝇臭恶，而集之焉。位峻者颠，轻豪者亡，不可不思害盈之数，盛衰之期，是故山在地中曰谦，雷在天上曰壮，谦则裒多益寡，壮则非礼不履。未有损己而不光大，行非而不伤败。愿君侯上追文王六爻之旨，下思尼父象象之义，然后三公可决，青蝇可驱也。"飏曰："此老生之常谈。"辂答曰："夫老生者见不生，常谈者见不谈。"晏曰："过岁更当相见。"辂远邑舍，具以此言语舅氏，舅氏责辂言太切至。辂曰："与死人语，何所畏邪？"舅大怒，谓辂狂悖。岁朝，西北风大，尘埃蔽天，十余日，闻晏、飏皆诛，然后舅氏乃服。始辂过魏郡太守钟毓，共论《易》义，辂因言："卜可知君生死之日。"毓使筮其生日月，如言，无蹉跌。毓大愕然，曰："君可畏也。死以付天，不以付君。"遂不复筮。毓问辂："天下当太平否？"辂曰："方今四九天飞，利见大人，神武升建，王道大明，何忧不平？"毓未解辂言，无几，曹爽等诛，乃觉寤云。平原太守刘邠取印囊及山鸡毛著器中，使筮。辂曰："内外方圆，五色成文，含宝守信，出则有章，此印囊也。高岳严严，有鸟朱身，羽翼元黄，鸣不失晨，此山鸡毛也。"邠曰："此郡官舍，连有变怪，使人恐怖，其

178

理何由?"辂曰:"或因汉末之乱,兵马扰攘,军尸流血,汙染丘山,故因昏夕,多有怪形也。明府道德高妙,自天祐之,愿安百禄,以光休宠。"清河令徐季龙使人行猎,令辂筮其所得。辂曰:"当获小兽,复非食禽,虽有爪牙,微而不强,虽有文章,蔚而不明,非虎非雉,其名曰狸。"猎人暮归,果如辂言。季龙取十三种物,著大篋中,使辂射。云:"器中藉藉有十三种物。"先说鸡子,后道蚕蛹,遂一一名之,惟以梳为枇耳。辂随军西行,过毋丘俭墓下,倚树哀吟,精神不乐。人问其故,辂曰:"林木虽茂,无形可久;碑谍虽美,无后可守。元武藏头,苍龙无足,白虎衔尸,朱雀悲哭,四危以备,法当灭族。不过二载,其应至矣。"卒如其言。后得休,过清河倪太守。时天旱,倪问辂雨期,辂曰:"今夕当雨。"是日旸燥,昼无形似,府丞及令在坐,咸谓不然。到鼓一中,星月皆没,风云并起,竟成快雨。于是倪盛修主人礼,共为欢乐。正元二年,弟辰谓辂曰:"大将军待君意厚,冀当富贵乎?"辂长叹曰:"吾自知有分直耳,然天与我才明,不与我年寿,恐四十七八间,不见女嫁儿娶妇也。若得免此,欲作洛阳令,可使路不拾遗,枹鼓不鸣。但恐至太山治鬼,不得治生人,如何?"辰问其故,辂曰:"吾额上无生骨,眼中无守睛,鼻无梁柱,脚无天根,背无三甲,腹无三壬,此皆不寿之验。又吾本命在寅,加月食夜生。天有常数,不可得讳,但人不知耳。吾前后相当死者过百人,略无错也。"是岁八月,为少府丞。明年二月卒,年四十八。

晋 郭璞:按《晋书·郭璞传》:璞字景纯,河东闻喜人也。父瑗,尚书都令史。时尚书杜预有所增损,瑗多驳正之。以公方著称，终于建平太守。璞好经术，博学有高才，而讷于言论，词赋为中兴之冠。好古文奇字，妙于阴阳算历。有郭公者，客居河东，精于卜筮，璞从之受业。公以青囊中书九卷与之，由是遂洞五行、天文、卜筮之术，禳灾转祸，通致无方，虽京房、管辂不能过也。璞门人赵载尝窃青囊书，未及读，而为火所焚。惠怀之际，河东先扰，璞筮之，投策而叹曰："嗟乎！黔黎将湮于异类，桑梓其翦为龙荒乎！"于是潜结姻昵及交游数十家，欲避地东南。抵将军赵固，会固所乘良马死，固惜之，不接宾客。璞至，门吏不为通。璞曰："吾能活马。"吏惊入白固。固趋出，曰："君能活吾马乎？"璞曰："得健夫二三十人，皆持长竿，东行三十里，有丘林社庙者，便以竿打拍，当得一物，宜急持归，则此马活矣。"固如其言，果得一物，似猴，持归。此物见马死，便嘘吸其鼻。顷之马起，奋迅嘶鸣，食如常，不复见向物。固奇之，厚加资给。行至庐江，太守胡孟康被丞相召为军谘祭酒。时江淮清宴，孟康安之，无心南渡。璞为占曰："败。"康不之信。璞将促装去之，爱主人婢，无由而得，乃取小豆三斗，绕主人宅散之。主人晨见赤衣人数千围其家，就视则灭，甚恶之，请璞为卦。璞曰："君家不宜畜此婢，可于东南二十里卖之，慎勿争价，则此妖可除也。"主人从之。璞阴令人贱买此婢。复为符投于井中，数千赤衣人皆反缚，一一自投于井，主人大悦。璞携婢去，后数旬而庐江陷。璞既过江，宣城太守殷祐引为参军。时有物大如水牛，灰色卑脚，脚类象，胸前尾上皆白，大力而迟钝，来到城下，众咸异焉。祐使人伏而取之，令璞作卦，遇遯之蛊，其卦曰："艮体连乾，其物壮巨。山潜之畜，匪兕匪虎。身与鬼并，精见二午。法当为禽，两翼不许。遂被一创，迁其本墅。按卦名之，是为驴鼠。"卜适了，伏者以戟刺之，深尺余，遂去不复见。郡纲纪上祠，请杀之。巫云："庙神不悦，曰：此是郴亭驴山君鼠，使诣荆山，暂来过我，不须触之。"其精妙如此。祐迁石头督护，璞复随之。时有鼯鼠出延陵，璞占之曰："此郡东当有妖人欲称制者，寻亦自死矣。后当有妖树生，然若瑞而非瑞，辛螫之木也。倘有此者，东南数百里必有作逆者，期明年矣。"无锡县欻有茱萸四株交枝而生，若连理者，其年盗杀吴兴太守袁琇。或以问璞，璞曰："卯爻发而沴金，此木不曲直而成灾也。"王导深重之，引参己军事。尝令作卦，璞言："公有震厄，可命驾西出数十里，得一柏树，截断如身长，置常寝处，灾当可消矣。"导从其言。数日果震，柏树粉碎。时元帝初镇建邺，导令璞筮之，遇咸之井，璞曰："东北郡县有'武'名者，当出铎，以著受命之符。西南郡县有'阳'名者，井当沸。"其后晋陵武进县人于田中得铜铎五枚，历阳县中井沸，经日乃止。及帝为晋王，又使璞筮，遇豫之睽，璞曰："会稽当出钟，以告成功，上有勒铭，应在人家井泥中得之。繇辞所谓'先王以作乐崇德，殷荐之上帝'者也。"及帝即位，太兴初，会稽剡县人果于井中得一钟，长七寸二分，口径四寸半，上有古文奇书十八字，云"会稽岳命"，余字时人莫识之。璞曰："盖王去者之作，必有灵符，塞天人之心，与神物合契，然后可以言受命矣。观五铎启号于晋陵，栈钟告成于会稽，瑞不失类，出皆以方，岂不伟哉！若夫铎发其响，钟征其象，器以数臻，事以实应，天人之际不可不察。"帝甚重之。璞著《江赋》，其辞甚伟，为世所称。后复作《南郊赋》，帝见而嘉之，以为著作佐郎。于时阴阳错缪，而刑狱繁兴。璞上疏曰："臣闻《春秋》之义，贵元慎始，故分至启闭，以观云物。所以显天人之统，存休咎之征。臣不揆浅见，辄依岁首，粗有所占，卦得解之既济。按爻论思，方涉春木王龙德之时，而为废水之气来见乘，加升阳未布，隆阴仍积，坎为法象，刑狱所丽，变坎加离，厥象不烛。以义推之，皆为刑狱殷繁，理者有壅滥。又去年十二月二十九日，太白蚀月，月者属坎，群阴之府，所以照察幽情，以佐太阳精者也。太白，金行之星，而来犯之，天意若曰刑理失中，自坏其所以为法者也。臣术学庸近，不练内事，卦理所及，敢不尽言。又去秋以来，沉雨跨年，虽为金家涉火之祥，然亦是刑狱充溢，怨叹之气所致。往建兴四年十二月中，行丞相令史淳于伯刑于市，而血逆流长标。伯者小人，虽罪在未允，何足感动灵变，致若斯之怪邪！明皇天所以保祐金家，子爱陛下，屡见灾异，殷勤无已。陛下宜侧身思惧，以应灵谴。皇极之谪，事不虚降。不然，恐将来必有愆阳苦雨之灾，崩震薄蚀之变，狂狡蠢戾之妖，以益陛下旰食之劳也。臣谨寻按旧经，《尚书》有五事供御之术，《京房易传》有消复之救，所以缘咎而致庆，因异而迈政。故木不生庭，太戊无以隆；雉不鸣鼎，武丁不为宗。夫寅畏者所以飨福，怠傲者所以招患，此自然之符应，不可不察也。按解卦繇云：'君子以赦过宥罪。'既济云：'思患而豫防之。'臣愚以为宜发哀矜之诏，引在予之责，荡除瑕衅，赞阳布惠，使幽毙之人应苍生以悦育，否滞之气随谷风而纾散。此亦寄时事以制用，藉开塞而曲成者也。臣窃观陛下贞明仁恕，体之自然，天假其祚，奄有区夏，启重光于已昧，廓四祖之遐武，祥灵表瑞，人鬼献谋，应天顺时，殆不尚此。然陛下即位以来，中兴之化未阐，虽躬综万机，劳逾日昃，元泽未加于群生，声教未被乎宇宙，臣主未宁于上，黔细未缉于下，鸿雁之咏不兴，康衢之歌不作者，何也？杖道之情未著，而任刑之风先彰，经国之略未震，而轨物之迹屡迁。夫法令不一则人情惑，职次数改则觊觎生，官方不审则秕政作，惩劝不明则善恶浑，此有国者之所慎也。臣窃为陛下惜之。夫以区区之曹参，犹能遵盖公之一言，倚清靖以镇俗，寄市狱以容非，德音不忘，流咏于今。汉之中宗，聪悟独断，可谓令主，然厉意刑名，用亏纯德。老子以礼为忠信之薄，况刑又是礼之糟粕者乎夫！无为而为之，不宰以宰之，固陛下之所体者也。耻其君不为尧舜者，亦岂惟古人！是以敢肆狂瞽，不隐其怀。若臣言可采，或所以为尘露之益；若不足采，所以广听纳之门。愿陛下少留神鉴，赐察臣言。"疏奏，优诏报之。其后日有黑气，璞复上疏曰："臣以顽昧，近者冒陈所见，陛下不遗狂言，事蒙御省。伏读圣诏，欢惧交战。臣前云升阳未布，隆阴仍积，坎为法象，刑狱所丽，变坎加离，厥象不烛，疑将来必有薄蚀之变也。此月四日，日出山六七丈，精光暂昧，而色都赤，中有异物大如鸡子，又有青黑之气共相搏击，良久方解。按时在岁首纯阳之月，日在癸亥全阴之位，而有此异，殆元首供御之义不显，消复之理不著之所致也。计去微臣所陈，未及一月，而便有此变，益明皇天留情陛下恳恳之至也。往年岁末，太白蚀月，今在岁始，日有咎谪。曾未数旬，大眚再见。日月告眚，见惧诗人，无日天高，其鉴不远。故宋景言善，荧惑退次；光武宁乱，滹沱结冰。此明天人之悬符，有若形影之相应。

应之以德，则休祥臻；酬之以怠，则咎征作。陛下宜恭承灵谴，敬天之怒，施沛然之恩，谐元同之化，上所以允塞天意，下所以弭息群谤。臣闻人之多幸，国之不幸。赦不宜数，实如圣旨。臣愚以为子产知铸刑书，非政事之善，然不得不作者，须以救弊故也。今之宜赦，理亦如之。随时之宜，亦圣人所善者。此国家大信之要，诚非微臣所得干豫。今圣朝明哲，思弘谋猷，方辟四门以亮采，访舆诵于群小，况臣蒙珥笔朝末，而可不竭诚尽规哉！"顷之，迁尚书郎。数言便宜，多所匡益。明帝之在东宫，与温峤、庾亮并有布衣之好，璞亦以才学见重，埒于峤、亮，论者美之。然性轻易，不修威仪，嗜酒好色，时或过度。著作郎干宝常诫之曰："此非适性之道也。"璞曰："吾所受有本限，用之恒恐不得尽，卿乃忧酒色之为患乎！"璞既好卜筮，缙绅多笑之。又自以才高位卑，乃著《客傲》。其辞曰："客傲郭生曰：'玉以兼城为宝，士以知名为贤。明月不妄映，兰茝岂虚鲜。今足下既以拔文秀于丛荟，阴弱根于庆云，陵扶摇而竦翮，挥清澜以濯鳞，而响不彻于一皋，价不登乎千金。傲岸荣悴之际，颉颃龙鱼之间，进不为谐隐，退不为放言，无沉冥之韵，而希风乎严先，徒费思于钻味，摹洞林乎连山，尚何名乎！夫攀骊龙之髯，抚翠禽之毛者，而不得绝霞肆、跨天津者，未之前闻也。'郭生粲然而笑曰：'鹪鹩不可与论云翼，井蛙难与量海鳌。虽然，将祛子之惑，讯以未悟，其可乎？乃者地维中绝，乾光坠采，皇运暂回，廓祚淮海。龙德时乘，群才云骇，蔼若邓林之会逸翰，烂若溟海之纳奔涛，不烦咨嗟之访，不假蒲帛之招，羁九有之奇骏，咸总之于一朝，岂惟丰沛之英，南阳之豪！昆吾挺锋，骕骦轩髦，杞梓竞敷，兰荑争翘，嘤声冠于伐木，援类繁乎拔茅。是以水无浪士，严无幽人，刘兰不暇，爨桂不给，安事错薪乎？且夫窟泉之潜不思云羣，熙冰之采不羡旭晞，混光耀于埃蔼者，亦曷愿沧浪之深，秋阳之映乎！登降纷于九五，沧涌悬乎龙津。蚓蛾以不才陆槁，蟒蛇以腾骛暴鳞。连城之宝，藏于褐里；三秀虽艳，糜于丽采。香恶乎芬？贾恶乎在？是以不尘不冥，不骊不骍，支离其神，萧悴其形。形废则神王，迹粗而名生。体全者为牲，至独者不孤，傲俗者不得以自得，默觉者不足以涉无。故不恢心而形遗，不外累而智丧，无岩穴而冥寂，无江湖而放浪。元悟不以应机，洞鉴不以昭旷。不物物我我，不是是非非。忘意非我意，意得非我怀。寄群籁乎无象，域万殊于一归。不寿殇子，不夭彭涓，不壮秋豪，不小太山。蚊泪与天地齐流，蜉蝣与大椿齿年。然一阖一开，两仪之迹，一冲一溢，悬象之节，涣沍期于寒暑，调蔚要乎春秋。青阳之翠秀，龙豹之委颖，骏狼之长晖，元陆之短景。故皋壤为悲欣之府，胡蝶为化物之器矣。夫欣黎黄之音者，不聱蟪蛄之吟；豁云台之观者，必闷带索之欢。纵蹈而咏采茅，拥璧而叹抱关。战机心以外物，不能得意于一弦。悟往复于嗟叹，安可与言乐天者乎！若乃庄周偃蹇于漆园，老莱婆娑于林窟，严平澄漠于尘肆，梅真隐沦乎市卒，梁生吟啸而矫迹，焦先混沌而槁杌，阮公昏酣而卖傲，翟叟遯形以倏忽。吾不能几韵于数贤，故寂然玩此员策与智骨。'"永昌元年，皇孙生，璞上疏曰："有道之君，未尝不以危自持，乱世之主未尝不以安自居。故存而不忘亡者，三代之所以兴；亡而自以为存者，三季之所以废也。是以古之令主开纳忠谠，以弼其违；标显切直，用攻其

185

失。至乃闻一善则拜，见规诚则惧。何者？盖不私其身，处天下以至公也。臣窃惟陛下符运至著，勋业至大，而中兴之祚不隆、圣敬之风未跻者，殆由法令太明，刑教太峻。故水至清则无鱼，政至察则众乖，此自然之势也。臣去春启事，以囹圄充斥，阴阳不和，推之卦理，宜因郊祀作赦，以荡涤瑕秽。不然，将来必有愆阳苦雨之灾，崩震薄蚀之变，狂狡蠢戾之妖。其后月余，日果薄斗。去秋以来，诸郡并有暴雨，水皆洪潦，岁用无年。适闻吴兴复欲有构妄者，咎征渐成，臣甚恶之。顷者以来，役赋转重，狱犴日结，百姓困扰，甘乱者多，小人愚崄，共相扇惑。虽势无所至，然不可不虞。按洪范传，君道亏则日蚀，人愤怨则水涌溢，阴气积则下代上。此微理潜应已著实于事者也。假令臣遂不幸谬中，必贻陛下侧席之忧。今皇孙载育，天固灵基，黔首颙颙，寔望惠润。又岁涉午位，金家所忌。宜于此时崇恩布泽，则火气潜消，灾谴不生矣。陛下上筹天意，下顺物情，可因皇孙之庆大赦天下。然后明罚敕法，以肃理官，克厌天心，慰塞人事，兆庶幸甚，祯祥必臻矣。臣今所陈，暂而省之，或未允圣旨；久而寻之，终亮臣诚。若所启上合，愿陛下勿以臣身废臣之言。臣言无隐，而陛下纳之，适所以显君明臣直之义耳。"疏奏，纳焉，即大赦改年。时暨阳人任谷因耕息于树下，忽有一介著羽衣就淫之，既而不知所在，谷遂有娠。积月将产，羽衣人复来，以刀穿其阴下，出一蛇子便去。谷遂成宦者。后诣阙上书，自云有道术。帝留谷于宫中。璞复上疏曰："任谷所为妖异，无有因由。陛下元鉴广览，欲知其情状，引之禁内，供给安处。臣闻为国以礼正，不闻以奇邪。所听惟人，故神降之吉。陛下简默居正，动遵典刑。按周礼，奇服怪人不入宫，况谷妖诡怪人之甚者，而登讲肆之堂，密迩殿省之侧，尘点日月，秽乱天听，臣之私情窃所以不取也。陛下若以谷信为神灵所凭者，则应敬而远之。夫神，聪明正直，接以人事。若以谷为妖，蛊诈妄者，则当投畀豺土，不宜令亵近紫闱。若以谷或是神祇告谴，为国作眚者，则当克己修礼以弭其妖，不宜令谷安然自容，肆其邪变也。臣愚以为阴阳陶蒸，变化万端，亦是狐狸魍魉凭假作慝。愿陛下采臣愚怀，特遣谷出，臣以人乏，忝荷史任，敢忘直笔，惟义是规。”其后元帝崩，谷因亡走。璞以母忧去职，卜葬地于暨阳，去水百步许。人以近水为言，璞曰：“当即为陆矣。”其后沙涨，去墓数十里皆为桑田。未期，王敦起璞为记室参军。是时颍川陈述为大将军掾，有美名，为敦所重，未几而没。璞哭之哀甚，呼曰：“嗣祖，嗣祖，焉知非福！”未几而敦作难。时明帝即位逾年，未改号，而荧惑守房。璞时休归，帝乃遣使赍手诏问璞。会暨阳县复上言曰赤乌见。璞乃上疏请改年肆赦，文多不载。璞尝为人葬，帝微服往观之，因问主人何以葬龙角，此法当灭族。主人曰：“郭璞云此葬龙耳，不出三年当致天子也。”帝曰：“出天子耶？”答曰：“能致天子问耳。”帝甚异之。璞素与桓彝友善，彝每造之，或值璞在妇间，便入。璞曰：“卿来，他处自可径前，但不可厕上相寻耳。必客主有殃。”彝后因醉，诣璞，正逢在厕，掩而观之，见璞裸身被发，御刀设醊。璞见彝，抚心大惊曰：“吾每属卿勿来，反更如是！非但祸吾，卿亦不免矣。天实为之，将以谁咎！”璞终婴王敦之祸，彝亦死苏峻之难。王敦之谋逆也，温峤、庾亮使璞筮之，璞对不决。峤、亮复令占己之吉凶，璞曰：“大吉。”

峤等退，相谓曰："璞对不了，是不敢有言，或天夺敦魄。今吾等与国家共举大事，而璞云大吉，是为举事必有成。"有姓崇者构璞于敦，敦将举兵，又使璞筮。璞曰："无成。"敦固疑璞之劝峤、亮，又闻卦凶，乃问璞曰："卿更筮吾寿几何？"答曰："思向卦，明公起事，必祸不久。若住武昌，寿不可测。"敦大怒，曰："卿寿几何？"曰："命尽今日日中。"敦怒，收璞，诣南冈斩之。璞临出，谓行刑者欲何之。曰："南冈头。"璞曰："必在双柏树下。"既至，果然。复云："此树应有大鹊巢。"众索之不得。璞更令寻觅，果于枝间得一大鹊巢，密叶蔽之。初，璞中兴初行经越城，间遇一人，呼其姓名，因以裤褶遗之。其人辞不受，璞曰："但取，后自当知。"其人遂受而去。至是，果此人行刑，时年四十九。及王敦平，追赠弘农太守。初，庾翼幼时，尝令璞筮公家及身，卦成，曰："建元之末丘山倾，长顺之初子凋零。"及康帝即位，将改元为建元，或谓庾冰曰："子忘郭生之言邪？丘山上名，此号不宜用。"冰抚心叹恨，及帝崩，何充改元为永和，庾翼叹曰："天道精微，乃当如是。长顺者，永和也，吾庸得免乎！"其年翼卒。冰又令筮其后嗣，卦成，曰："卿诸子并当贵盛，然有白龙者，凶征至矣。若墓碑生金，庾氏之大忌也。"后冰子蕴为广州刺史，妾房内忽有一新生白狗子，莫知所由来，其妾秘爱之，不令蕴知。狗转长大。蕴入，见狗眉眼分明，又身至长而弱，异于常狗，蕴甚怪之。将出，共视在众人前，忽失所在。蕴慨然曰："殆白龙乎！庾氏祸至矣。"又墓碑生金。俄而为桓温所灭，终如其言。璞之占验，皆如此类也。璞撰前后筮验六十余事，名为《洞林》。又抄京、费诸家要最，更撰《新林》十篇、《卜韵》一篇。注释《尔雅》，别为音义、图谱。又注《三苍》《方言》《穆天子传》《山海经》及《楚辞》《子虚》《上林赋》数十万言，皆传于世。所作诗赋诔颂亦数万言。子鳌，官至临贺太守。

晋　淳于智：按《晋书·淳于智传》：淳于智，字叔平，济北卢人也。能《易》筮，善厌胜之术。高平刘柔夜卧，鼠啮其左手中指，以问智。智曰："是欲杀君而不能，当为君使其反死。"乃以朱书手腕横文后三寸作田字，辟方一寸二分，使露手以卧。明旦，有大鼠伏死手前。谯人夏侯藻母病困，诣智卜，忽有一狐当门向之嗥，藻怖愕，驰见智。智曰："其祸甚急，君速归，在狐嗥处拊心啼哭，令家人惊怪，大小必出，一人勿出，哭勿止，然后其祸可救也。"藻还，如其言，母亦扶病而出。家人既集，堂屋五间拉然而崩。护军张劭母病笃，智筮之，使西出市沐猴，系母臂，令傍人捶拍，恒使作声，三日放去。劭从之。其猴出门即为犬所咋死，母病遂差。上党鲍瑗家多丧病贫苦，或谓之曰："淳于叔平神人也，君何不试就卜，知祸所在？"瑗性质直，不信卜筮，曰："人生有命，岂卜筮所移！"会智来，应詹谓曰："此君寒士，每多屯虞，君有通灵之思，可为一卦。"智乃为卦，卦成，谓瑗曰："君安宅失宜，故令君困。君舍东北有大桑树，君径至市，入门数十步，当有一人持荆马鞭者，便就买以悬此树，三年当暴得财。"瑗承言，诣市，果得马鞭，悬之三年，浚井，得钱数十万，铜铁器复二十余万，于是致赡，疾者亦愈。其消灾转祸，不可胜纪，而卜筮所古，千百皆中。应詹少亦多病，智乃为符使詹佩之，诵其文，既而皆验，莫能学也。性深沉，常自言短命，曰："辛亥岁天下有事，当有巫医挟道术者死。吾守易义以行之，犹当不应此乎！"太元末，为司马督，有宠于杨骏，故见杀。

晋　隗炤：按《晋书·隗炤传》：隗炤，汝阴人也。善于《易》，临终，书版授其妻曰："吾亡后当大荒穷，虽尔，慎莫卖宅也。却后五年春，当有诏使，来顿此亭。姓龚，此人负吾金，即以此版往责之，勿违言也。"炤亡后，其家大困乏，欲卖宅，忆夫言辄止。期日，有龚使者止亭中，妻遂赍版往责之。使者执版惘然，不知所以。妻曰："夫临亡，手书版见命如此，不敢妄也。"使者沉吟良久而悟，谓曰："贤夫何善？"妻曰："夫善于《易》，而未曾为人卜也。"使者曰："噫，可知矣！"乃命取蓍筮之，卦成，抚掌而叹曰："妙哉隗生！舍明隐迹，可谓镜穷达而洞吉凶者也。"于是告炤妻曰："吾不相负金也，贤夫自有金耳。知亡后当暂穷，故藏金以待太平。所以不告儿妇者，恐金尽而困无已也。知吾善《易》，故书版以寄意耳。金有五百，盛以青瓮，覆以铜柈，埋在堂屋东头，去壁一丈，入地九尺。"妻还掘之，皆如卜焉。

晋　郭𪩘：按《晋书·郭𪩘传》：郭𪩘，西平人也。少明式易，仕郡主簿。张天锡末年，苻氏每有西伐之问，太守赵凝使𪩘筮之，𪩘曰："若郡内二月十五日失囚者，东军当至，凉祚必终。"凝乃申约属县。至十五日，鲜卑折掘送马于凝，凝怒其非骏，幽之内厩，鲜卑惧而夜遁。凝以告𪩘，𪩘曰："是也。国家将亡，不可复振。"苻坚末，当阳门震，刺史梁熙问𪩘曰："其祥安在？"𪩘曰："为四夷之事也。当有外国二王来朝主上，一当反国，一死此城。"岁余而鄯善又前部王朝于苻坚，西归，鄯善王死于姑臧。吕光之王河西也，西海太守王桢叛，麛劝光袭之。光之左丞吕宝曰："千里袭人，自昔所难，况王者之师天下所闻，何可侥倖以邀成功！麛不可从，误人大事。"麛曰："若其不捷，麛自伏铁钺之诛。如其克也，左丞为无谋矣。"光从而克之。光比之京管，常参帏幄密谋。光将伐乞伏乾归，麛谏曰："今太白未出，不宜行师，往必无功，终当覆败。"太史令贾曜以为必有秦陇之地。及克金城，光使曜诘麛，麛密谓光曰："昨有流星东坠，当有伏尸死将，虽得此城，忧在不守。正月上旬，河冰将解，若不早渡，恐有大变。"后二日而败问至，光引军渡河讫，冰泮。时人服其神验。光以麛为散骑常侍、太常。麛后以光年老，知其将败，遂与光仆射王祥起兵作乱。百姓闻麛起兵，咸以圣人起事，事无不成，故相率从之如不及。麛以为代吕者王，乃推王乞基为主。后吕隆降姚兴，兴以王尚为凉州刺史，终如麛言。麛之与光相持也，逃人称吕统病死，麛曰："未也，光、统之命尽在一时。"后统死三日而光死。麛尝曰："凉州谦光殿后当有索头鲜卑居之。"终于秃发傉檀、沮渠蒙逊迭据姑臧。麛性褊酷，不为士庶所附。战败，奔乞伏乾归。乾归败，入姚兴。麛以灭姚者晋，遂将妻子南奔，为追兵所杀也。

晋　扈谦：按《江宁府志》：扈谦精易卦，尝在建康筮，一卦百钱，日限钱五百。以三百供母，二百饮酒，并施贫乏。五百足一卦，千钱不为也。晋海西公旦出，见赤蛇蟠御床，俄尔失蛇，诏谦筮卦。谦曰："晋室有磐石之固，陛下有出亡之象。"海西曰："可消伏否？"曰："后年有大将北征失利，应损三万人，此灾可消。"后桓温北征，败绩，还石头城，乃废海西立简文。桓温妾产，桓元时至艰，谦筮曰："公第六间马埒坏，竟便产，当是男儿声气，雄烈震动四海。"温赠钱三十万，夫人亦赠三十万。谦辞无容钱处，温不听，后仍筮卦养母。温钱日以醉客，不问识与不识。一日母亡，谦辞酒家许氏云："因缘尽矣。"安葬而去，不知所之。数日，许氏家人于落星路边见谦卧地，始谓其醉，捉手引牵，惟空衣无尸，云谦居金陵摄山寺，碑云："北望荒村，扈谦卜筮之宅是也。"

北魏　耿元：按《魏书·耿元传》：元，巨鹿宋子人也。善卜占。坐室内，有客扣门，元已知其姓字，并所赍持，及来问之意。其所卜筮，十中八九。别有《林占》，世或传之。而性不和俗，时有王公欲求其筮者，元则拒而不许。每云："今既贵矣，更何所求？而复卜也，欲望意外乎？"代京法禁严切，王公闻之，莫不惊悚而退。故元多见憎忿，不为贵胜所亲。官至巨鹿太守。显祖、高祖时，有渤海高道埏、清河赵法逞，并有名于世。世宗、肃宗时，奉车都尉清河魏道虔、奉车都尉周恃、魏郡太守章武高月光、月光弟明月、任元智、雍州人潘捺，并长于阴阳卜筮。故元于日者之中最为优洽。冠军将军、濮阳贾元绍、章武吕肫、济北冯道安、河内冯怀、海东郡李文殊并工于法术，而道虔、月光、文殊为优，其余不及。浮阳孟刚、饶安王领郡善铨录风角，章武颜恶头善卜筮，亦用耿元林占，当时最知名。范阳人刘弁，亦有名于世。

隋　杨伯丑：按《隋书·杨伯丑传》：伯丑，冯翊武乡人也。好读《易》，隐于华山。开皇初，被征入朝，见公卿不为礼，无贵贱皆汝之。人不能测也。高祖召与语，竟无所答。上赐之衣服，至朝堂舍之而去。于是被发佯狂，游行市里，形体垢秽，未尝栉沐。尝有张永乐者，卖卜京师，伯丑每从之游。永乐为卦有不能决者，伯丑辄为分析爻象，寻幽入微，永乐嗟服，自以为非所及也。伯丑亦开肆卖卜。有人尝失子，就伯丑筮者。卦成，伯丑曰："汝子在怀远坊南门道东北壁上，有青裙女子抱之，可往取也。"如言果得。或者有金数两，夫妻共藏之。于后失金，其夫意妻有异志，将逐之。其妻称冤，以诣伯丑，为筮之曰："金在矣。"悉呼其家人，指一人曰："可取金来！"其人赧然，应声而取之。道士韦知常诣伯丑问吉凶，伯丑曰："汝勿东北行，必不得已，当早还。不然者，杨素斩汝头。"未几，上令知常事汉王谅，俄而上崩。谅举兵反，知常逃归京师。知常先与杨素有隙，及素平并州，先访知常，将斩之，赖此获免。又有人失马，诣伯丑卜者。时伯丑为皇太子所召，在途遇之，立为作卦，卦成，曰："我不遑为卿占之，卿且向西市东壁门南第三店，为我买鱼做脍，当得马矣。"其人如此言，须臾，有一人牵所失马而至，遂擒之。崖州尝献径寸珠，其使者阴易之，上心疑焉，召伯丑令筮。伯丑曰："有物出自水中，质圆而色光，是大珠也。今为人所隐。"具言隐者姓名容状。上如言簿责之，果得本珠。上奇之，赐帛二十四。国子祭酒何妥尝诣之论易，闻妥之言，倏然而笑曰："何用郑元、王弼之言乎！"久之，微有辩答，所说辞义，皆异先儒之旨，而思理元妙，故论者以为天然独得，非常人所及也。竟以寿终。

唐　朱邯：按《江西通志》：朱邯，豫章人，精于《周易》，得京、管之遗法。唐建中初游楚，卖卜。楚青山董元范母患奇病，至夜即发。邯为筮之，得解之上六，曰："君今日昃且衫服于道侧，伺有执弓挟矢而过者，君向求之。"时邑人李楚宾喜猎，其时果至。元范邀之至家，设酒馔留宿。是夜月明如昼，楚宾出户徘徊，见一大鸟飞集舍上，引喙啄屋，即闻堂内叫痛苦声。楚宾引弓射之，两发皆中，其鸟飞去，痛声亦止。明日与元范四索于败屋中，得碓捏古址，两箭著其上，皆有血光，遂取焚之。母患果平。

唐　胡卢生： 按《剧谈录》：宝应年中，员外郎窦庭芝分司洛邑，常敬事卜者。胡卢生每言吉凶，无不必中。如此者，往来甚频，长幼莫不倾盖。一旦凌晨入门，颇甚嗟惋，庭芝问之，良久乃言："君家大祸将成，举族恐无遗类，即未在旦夕，所期亦甚不远。"既而举家涕泣，请问求生之路。云："非遇黄中君、鬼谷子，不能相救。然黄中君造次难见，但见鬼谷子，当无患矣。"具述形貌服饰，仍约浃旬求之。于是窦与兄弟群从，泊妻子奴仆，晓夕求访于洛下。时李郇侯有艰居于河清县，因省觐亲友，策蹇驴入洛，至中桥南，遇大尹，避道，所乘驴忽惊逸而走，径入庭芝所居。与仆者共造其门，值庭芝车马罗列将出，忽见郇侯，皆惊眙而退。俄有人出来云："此是分司窦员外宅所，失驴收在马厩，请客入座，员外当修谒。"如此者数四，郇侯不获已，就其厅事。庭芝既出，降阶而拜，延接殷勤，遂至信宿。至如妻孥、孩稚咸备家人之礼，数日告去，赠送殊厚。但云："贵达之辰，愿以一家为托。"郇侯居于河清信宿，旁午于道。及朱泚构逆，庭芝方廉察陕服，车驾出幸奉天，遂陷于贼庭。及銮舆返正，德宗首命诛之。邺侯自南岳征回至行在，便为宰相，因第臣僚罪状，遂请庭芝减死。圣意不解云："卿以为宁王懿亲乎？以此论之，尤不可然，莫有他事，俾其全活否？卿但言之。"于是具以前事。上闻，由是特原其罪。邺侯始奏，上密使中官夜乘传陕州问之。窦奏其事。德宗曰："曩言黄中君，盖指于朕，未知呼卿为鬼谷子何也？"

后唐 马重绩：按《五代史·马重绩传》：重绩字洞微，其先出于北狄，而世事军中。重绩少学数术，明太一、五纪、八象、三统大历，居于太原。唐庄宗镇太原，每用兵征伐，必以问之，重绩所言无不中，拜大理司直。明宗时，废不用。晋高祖以太原拒命，废帝遣兵围之，势甚危急，命重绩筮之，遇同人曰："天火之象，乾健而离明。健者君之德也，明者南面而向之，所以治天下也。同人者人所同也，必有同我者焉。《易》曰：'战乎乾。'乾，西北也。又曰：'相见乎离。'离，南方也。其同我者自北而南乎？乾，西北也，战而胜，其九月十月之交乎？"是岁九月，契丹助晋击败唐军，晋遂有天下。拜重绩太子右赞善大夫，迁司天监。明年，张从宾反，命重绩筮之，遇随，曰："南瞻柝木，木不自续，虚而动之，动随其覆。岁将秋矣，无能为也！"七月而从宾败。高祖大喜，赐以良马、器币。天福三年，重绩上言："历象，王者所以正一气之元，宣万邦之命。而古今所纪，考审多差，宣明气朔正而星度不验，崇元五星得而岁差一日，以宣明之气朔，合崇元之五星，二历相参，然后符合。自前世诸历，皆起天正十一月为岁首，用太古甲子为上元，积岁愈多，差阔愈甚。臣辄合二历，创为新法，以唐天宝十四载乙未为上元，雨水正月中气为气首。"诏下司天监赵仁琦、张文皓等考覈得失。仁琦等言："明年庚子正月朔。用重绩历考之，皆合无舛。"乃下诏班行之，号调元历。行之数岁辄差，遂不用。重绩又言："漏刻之法，以中星考昼夜为一百刻，八刻六十分刻之二十为一时，时以四刻十分为正，此自古所用也。今失其传，以午正为时始，下侵未四刻十分而为午。由是昼夜昏晓，皆失其正，请依古改正。"从之。重绩卒年六十四。

辽　魏璘：按《辽史·魏璘传》：璘，不知何郡人，以卜名世，太宗得于汴。天禄元年，上命驰马较迟疾，以为胜负。问王白及璘孰胜？白奏曰："赤者胜。"璘曰："臣所见，骢马当胜。"既驰，尽如璘言。上异而问之，白曰："今日火旺，故知赤者胜。"璘曰："不然，火虽旺，而上有烟。以烟察之，青者必胜。"上嘉之。五年，察割谋逆，私卜于璘。璘始卜，谓曰："大王之数，得一日矣，宜慎之！"及乱，果败。应历中，周兵犯燕，上以胜败问璘。璘曰："周姓柴也，燕分火也。柴入火，必焚。"其言果验。璘尝为太平王罨撒葛卜僣立事，上闻之，免死，流乌古部。一日，节度使召璘，适有献双鲤者，戏曰："君卜此鱼何时得食？"璘良久答曰："公与仆不出今日，有不测祸，奚暇食鱼？"急命烹之。未及食，寇至，俱遇害。

宋　徐复：按《避暑录话》：徐复，所谓冲晦处士者，建州人。初亦举进士。《京房易》世久无通其术者，复尝遇隐士得之，而杂以六壬遁甲自筮，终身无禄，遂罢举。范文正公知苏州，尝疑外夷当有变，使复占之。复为言，西方用师，起某年月，盛某年月，天下当骚然。故文正益论边事，及元昊叛，无一不验者。

仁宗闻而召见，问以兵事，曰："今岁直小过，刚失位而不中，唯强君德，乃可济耳。"命以大理评事，不就赐号，而归杭州万松岭，其故庐也。时林和靖尚无恙，杭州称二处士，而和靖卒，乃得谥。与复同时者，又有郭京，亦通术数，好言兵而任侠不伦，故不显。

按《福建通志》：徐复浦城人，学《易》博，综谶纬。皇祐中帝召见，问天时人事。复对以京房易卦，皆验。帝称善之。

按《浙江通志》：徐复，字希颜，本莆田人，久游吴中，因家杭州。精《易》，通流衍卦气之法，遁甲、占射诸家之说。宋康定中元昊叛，诏求有文武材可用者，宋绶林瑀以复荐。召见，问以天时人事，复举京房易卦推所配年月日，谓时当小过刚失位而不中，宜在强君德。问："西方用兵如何？"复对："太乙守中宫兵，宜内不宜外。"帝善其言，欲官之，固辞，留值，登闻鼓院与林瑀同修《周易会元》。纪岁余，归礼以束帛，赐号冲晦处士。

宋 廖应淮：按《江西通志》：廖应淮，南城人。字学海，性奇敏，无书不读。一日入杭叩阍，疏丁大全误国状，遂配汉阳。忽遇蜀人杜可久于江干，呼曰："子非盱江廖应淮耶？"淮愕然，久之，杜曰："予待子久矣。康节以易数授王豫，豫死埋其书以殉。吴曦叛时，有掘其冢得之者，余赇归而学之五十年矣，数当授子。"于是由声音起数，淮一问辄了。逸去著书，自号溟涬生。后入杭，僦临街楼以居，昼卖卜，夜痛饮，醉中忽大呼曰："始谓天非宋天，今地且非宋地矣。"语闻，贾似道使人问之，曰："地发遍白，浙水西流，是其祥也。"又执熊希望手曰：

"余闻空中戎马百万来人，鬼做哭泣声，公留此为何？"又曰："杀气并入闽广去矣，人皆掩耳走。"吴浚彭复愿从之学，大骂曰："大莫大乎范围，精莫精乎曲成，若黄口儿可语此，则人皆邵子矣。"浚遂辞去，复执礼不衰，卒授以其学。淮年五十二，携一青衣自随，死。先三日，谓之曰："一月后有山姓鸟名人来召我及传立，立当过我，可出，所藏书付之汝，可得官田养老。"皆如其言，所谓召使，则崔鹏飞云。

宋 夏巨源：按《杭州府志》：夏巨源，精卜筮，居临安、绍兴间。有自赣造朝而遗其文劄者，卜之。夏曰："护在女口，守以鸳鸯，无虞也。"其人莫识所谓，既而仆从饶州持所遗至，盖其妾福安收藏鸯字策也，始服其神术。

宋 范畴：按《金华府志》：范畴，字复初，金华人。宋建绍间，尝为洞霄宫道士，得江西张九牛蓍易之占，神妙莫测。杭有无藉子胡婆寿负罪而逃，官督责严捕者，即畴求筮爻成。畴曰："可于北方树木中得之。"如言迹至，果获于空杨柳树中，遂系狱。后会赦出，欲报畴，持刀晨扣畴门，绐以卜欲杀之。畴决以占，知其将不利于己，隔门问之曰："欲卜可掷下手中刀。"胡闻之骇服，犹以刀画其门而去。畴由是避居于苏。设肆，疑者来问，莫不神异。

金 武亢：按《金史·武祯传》：祯子亢，寡言笑，不妄交。尝与一学生终日相对，握筹布画，目炯炯若有所营，见者莫测也。哀宗至蔡州，右丞完颜仲德荐其术。召至，屏人与语，大悦，除司天长行，赏赍甚厚。上书曰："比者有星变于周、楚之分，彗星起于大角西，扫轸之左轴，盖除旧布新之象。"又言：

"郑、楚、周三分野当赤地千里，兵凶大起，王者不可居也。"又曰："蔡城有兵荒之兆，楚有亡国之征，三军苦战于西垣前后有日矣。城壁倾颓，内无见粮，外无应兵，君臣数尽之年也。"闻者悚然夺气，哀宗唯嗟叹良久，不以为罪。性颇倨傲，朝士以此非之。天兴二年九月，蔡州被围，亢奏曰："十二月三日必攻城。"及期果然。末帝问曰："解围当在何日"对曰："明年正月十三日，城下无一人一骑矣。"帝不知其由，乃喜解围有期。日但密计粮草，使可给至其日不阙者。明年甲午正月十日，蔡州破。十三日，大元兵退。是日，亢赴水死云。

元　田忠良： 按《元史·田忠良传》：忠良，字正卿。其先平阳赵城人，金亡，徙中山。忠良好学，通儒家、杂家言。尝识太保刘秉忠于微时，秉忠荐于世祖。遣使召至，帝视其状貌步趋，顾谓侍臣曰："是虽以阴阳家进，必将为国用。"俄指西序第二人谓忠良曰："彼手中握何物？"忠良对曰："鸡卵也。"果然。帝喜，又曰："朕有事萦心，汝试占之。"对曰："以臣术推之，当是一名僧病耳。"帝曰："然，国师也。"遂遣左侍仪奉御也先乃送忠良司天台，给笔札，令秉忠试星历、遁甲诸书。秉忠奏曰："所试皆通，司天诸生鲜有及者。"诏官之司天。帝曰："朕用兵江南，困于襄樊，累年不决，奈何？"忠良对曰："在酉年矣。"至元十一年，阿里海牙奏请率十万众渡江，朝议难之，帝密问曰："汝试筮之，济否？"忠良对曰："济。"帝猎于柳林，御幄殿，侍臣甚众，顾忠良曰："今拜一大将取江南，朕心已定，果何人耶？"忠良环视左右，目一人，对曰："是伟丈夫，可属大事。"帝笑曰："此伯颜也，为西王旭烈兀使，朕以其才留用之，汝识朕心。"赐钞五百贯、衣一袭。七月十五日夜，白气贯三台，帝问何祥，忠良对曰："三公其死乎？"未几，太保刘秉忠卒。八月，帝出猎，驻辇，召忠良曰："朕有所遗，汝知何物，还可复得否？"对曰："其数珠乎？明日二十里外，人当有得而来献者。"已而果然，帝喜，赐以貂裘。十月，有旨问忠良："南征将士能渡江否？劳师费财，朕甚忧之。"忠良奏曰："明年正月当奏捷矣。"十二年正月，师取鄂州，丞相伯颜遣使来献宋宝，有玉香炉，辍以赐忠良，及金织文十疋。二月，帝不豫，召忠良谓曰："或言朕今岁不嘉，汝术云何？"忠良对曰："圣体行自安矣。"三月，帝疾愈，赐银五百两、衣材三十疋。五月，车驾清暑上都，遣使来召曰："叛者浸入山陵，久而不去，汝与和礼霍孙率众往视之。"既至，山陵如故，俄而叛兵大至，围之三匝，三日不解。忠良引众夜归，敌殊不觉，和礼霍孙以为神，白其事于帝，赐黄金十两。八月，以海都为边患，遣皇子北平王那木罕、丞相安童征之，忠良奏曰："不吉，将有叛者。"帝不悦。十二月，诸王昔里吉劫皇子、丞相以入海都，帝召忠良曰："朕几信谗言罪汝，今如汝言，汝祀神致祷，虽黄金朕所不吝。"忠良对曰："无事于神，皇子未年当还。"后果然。十八年，特命为太常丞。少府迁太常少卿，二十九年，迁太常卿。大德元年，迁昭文馆大学士、中奉大夫，兼太常太卿。武宗即位，进荣禄大夫、大司徒，赐银印。仁宗即位，又进光禄大夫，领太常礼仪院事。延祐四年正月卒，年七十五。赠推忠守正佐运功臣、太师、开府仪同三司、上柱国，追封赵国公，谥忠献。

　　元　杨守业：按《合肥县志》：杨守业，字君爱，合肥人。

少遇异人，授以占筮之学，言事辄验。世居枣香村，率其子弟，耕凿自安。不入城市而户履常满，子朝元能传其业，王公大人多往招之，谈言微中，其应如响，一时名士赠诗盈帙。寓公王蒙斋，有赠枣香居士四首云："高人卜筑爱林泉，鸡犬桑麻日晏然。闲坐藜床读《周易》，知君原是大罗仙。""庭盖成阴屐破苔，人人尽问枣香来。乡庄不比成都市，只为先生姓似雷。""纬繻心情费评量，每将爻象卜行藏。自从一睹灵氛后，龟筮何须论短长。""乡关迢递信音乖，每望云山辄挂怀。两字平安君说与，始知天道不安排。"观此足见其生平矣。

明 冯渊：按《镇江府志》：冯渊，字济川，銮江人。避地京口，精于占筮。洪武初，浙省赍白金解京，经郡境为盗劫。明太祖震怒，捕甚急，府卫官巾服待罪诣渊，请卜。渊示所得易繇曰："犬吠月，满地血，廿八人扶棺来，便是此时节。"使捕者共伏京岘山松林中以俟。夜半月色满江村，犬皆吠，俄闻山巅有哭声，时盛暑村氓乘夜凉，染绛色帛，闻哭，意为窃葬人也，急趋入户避凶煞，偶触绛，盆覆地，赤水横流，如血。逻卒往视，其舁棺者果二十八人，遂悉就擒。斧其棺，白金见。所著有《海底眼索隐》。顾少圣有诗赠云："卖卜生涯薄，轻身远市朝。欲归盘谷隐，不受小山招。"

明 曾义山：按《江西通志》：曾义山，一名法兴，上高人。善占术。青田刘基丞高安，法兴过之语曰："相公聪明绝世而器宏远，当为一代伟人，吾书尽以相赠。"基遂领其要。基见世事日非常，即兴家借观乾象诸书，法兴以原本畀之曰："吾不欲留此以为家祸也。"暨明太祖常问基而知所授受，乃令有司为法兴营居室，表其坟墓。

明 黎福荣：按《荆州府志》：黎福荣，善风角。洪武初年，召见，卜事屡验。上顾谓曰："汝可方袁天纲矣。"遂赐名天纲，授官，宠异之。复官其子楚章，为鸿胪寺序班。

明 陈君佐：按《扬州府志》：陈君佐，明江都人，善方脉。洪武初为御医，永乐间弃官，著黄冠，市药武当山中，以易卜人吉凶，多奇中，卒葬山中石穴。

明 毛童：按《饶州府志》：毛童，鄱阳人，容貌鄙猥，衣褴褛，每匿术，托为佣，卜则占吉凶无爽。永乐壬辰，常以事逮至棠阴巡检夏斌，俾占其子亨往乡归期。童曰："子已溺水。逾午获山豚，重百余斤。"果然。县吏聂文政役满，问童。童曰："未有衙门可安落，百日外得矣。"文政到京，三阅月卒。

明 邓权：按《荆州府志》：邓权，善风角，尝戍武昌，随楚王入朝。时永乐在燕，亦来朝同宿邸第，以物命之卜，果验，因大书"明鉴"二字赐焉。

明 翟祥：按《苏州府志》：翟祥，字君瑞，嘉定人，避讳，以字行。少通易学，为明高祖占候，皆验，赐以敕命，为训术。所著《希微子简易录》。宋濂有传，尝汇邑人所为诗，并记其人之性行名位，刻之为练音。

明 胡龠：按《浙江通志》：胡龠，初名浚，字元海，陶庄人。徙居魏塘，卖卜于市，言多奇中。与同邑袁杞山相约游金陵，寓神乐观。提点姚一山偶失金杯，酷责其徒。二人怜之，占得剥之颐曰："金在土中未亡也。汝第从居西南隅，掘下五寸，则得矣。"如其言，果得杯。永乐八年，一山荐二人于上，袁称疾不行，胡至京卜，无不验，赐今名，授钦天监漏刻博士。上新作殿，命之卜。布算讫，跪曰："某月某日午时，当燬。"上怒，因之以待。至期遣狱卒觇视，返报曰："午过矣，无火，胡服毒。"午时正三刻，殿果焚。上急召，胡死矣，甚惜之，赐驰驿归葬。子四人，昱昂皆弃占筮而学画，曾孙昺遂以画名。

按《嘉兴府志》：先是，召命初下，袁为胡卜，得乾之五爻。袁曰："五为君升，阳在四子，命又午也，其有锡命之庆乎？"胡曰："吾直壬午，壬为水，而午者子之衡也，果赐名，必不离水。"袁曰："非徒然也。四为渊，又值升阳，而五居渊上，渊而大者乎？以草莽之臣践五位，终非吉兆。五为火丁者，壬之合也，遇火则危矣。"后闻赐名瀹，袁大笑曰："验矣，死不远矣。"果因殿焚而卒。

明　沈晟：按《苏州府志》：沈晟，字景旸，吴中卜者。永乐末驿取至京命午门。上布卦，问英国公征交南事。占曰："明日正午，当得捷音。"至期，果飞骑报捷，生擒黎贼。上大悦，赐钞币遣旋。

明　仝寅：按《明外史·仝寅传》：寅，字景，明安邑人。生十二岁而瞽，乃从师学京房术，为人占祸福，多奇中。父清游大同，携之行，塞上石亨为参将，酷信之，每事咨焉。英宗北狩，遣使问还期，筮得乾之初，寅曰："大吉。四为初之应，初潜四跃，明年岁在午，其干庚。午跃候也，庚更新也。龙岁一跃，秋潜秋跃。明年仲秋，驾必复。但飈勿用，应在渊还而复，必失位。然象龙也，数九也。四近五，跃近飞龙，在丑。丑曰赤奋，若复在午，午色赤。午奋于丑。若顺也，天顺之也。其于丁，象大明也。位于南方，火也。寅其生，午其，王壬其合也。至岁丁丑月寅日午，合于壬，帝其复辟乎？”已而悉验。石亨入督京营，挟与偕。及也先逼都城，城中人恟惧，或请筮之。寅曰：“彼骄我盛，战必胜。”寇果败去。明年，也先请遣使迎上皇，廷臣疑其诈，寅力言于亨曰：“彼顺天仗义，我中国反失奉迎礼，宁不贻笑外蕃？”亨乃与于谦决计，上皇果还。景泰三年，锦衣指挥卢忠告变，外议汹汹。忠一日屏人请筮，寅叱之曰：“是兆大凶，死不足赎。”忠惧而佯狂，事得不竟，已而忠果伏诛。英宗复辟，将官寅，寅固辞，命赐金钱金卮诸物。其父官指挥佥事，将赴徐州，英宗虑寅偕行，乃授锦衣百户留京师。寅见石亨势盛，每因筮戒以持满之道，亨不能用，卒及于祸。寅以筮游公卿贵人间，莫不信重之，然无一语及私，年几九十乃卒。

按《山西通志》：寅，安邑人，少瞽而性聪警，学京房易，占断多奇中，名闻四方。明英皇北狩，阴遣太监裴当问之。寅筮得乾之初九，附奏曰：“龙君象也，四初之应也，龙潜跃，必以秋应，以壬午涉岁而更。龙变化之物也，庚者更也；庚午秋，车驾其还乎？则必幽，或跃应焉。后七八年必复辟。午火德之正也。丁者，午之合也，其岁丁丑月壬寅日壬午乎？”既而也先复入寇，石亨召问休咎。寅筮之曰：“无能为也。且彼气已骄，战之必克。”果败去。及英皇还居南宫，指挥卢忠上变妄言，请寅筮之，叱以大义。后英皇复位，授锦衣卫百户。

明 胡宏：按《异林》：胡宏，字任之，宁波人，少读《易》，遇一道人，与语曰：“我有秘术，子可受之，但不营仕，乃可免祸耳。”宏曰：“谨奉教。”遂以卜筮授之，发无不中。有

火珠林注疏

204

卜者每闻宏作卦，辄从邻壁中听之，其说皆按《易》，占无诡辞。后知之，遂不说《易》，但言贞咎而已。有一人家暴富，心疑之，宏为设卦曰："家有狸奴走入室，是其祥也。"曰："然。"曰："狸形必大，可称之得几斤。"曰："七斤许。"曰："富及七载。狸奴当去，何能久乎?"及期，狸果去不见，家贫如初。一人家夜有尸撑于门，莫知为谁，主人惧不敢启扃，逾垣而逃，卜于宏。宏曰："有府胥姓某者，往求之，讼可解矣。"主人往索，果得其人，恳乞再三，曰："诚不敢讳，是予某亲，非有宿嫌，求棺耳。"召其子，遗以金帛，祸乃解。尝经吴阊门都彦容家将戒舟，有唐贡士者，偕其友三人来。宏曰："公等何为?"曰："行藏未卜，幸先生教之。"曰："草草不暇，行当总筮之。"卦成，宏拆而论之曰："某君勿行，当有疾厄。某君中乙科，唐君后必为御史。"后悉如其言。平生占验甚多，每筮一卦，则受金半两，以寿终于家。

　按《宁波府志》：宏善易筮。天顺间，太守陆阜邀至官舍，适阜出，阜子衮为父怒其学不进，惧不敢见。闻宏至，急请筮之。宏曰："尊君侯未占，公子不可先。"曰："事急矣。"曰："宜随意出示一物。"衮出一钱曰："占家庭口舌何日可解。"曰："即日解。"已而，阜归，夫人迎，言宏果灵，及衮占故，呼问其详，遂忘所怒。翌日，为阜筮，得丰之明夷，断曰："逢刘则滞，遇冯则止。"顷之，同知刘文显至，与阜大忤，屡欲攘臂奋击。明年，海道副史冯靖劾阜仓粮不给军饷，谪戍广西。其神验类如此。著筮书曰《黄金策》。

　明　王坡：按《宁波府志》：王坡病瘖，善六壬兼释易。游至武林，有驿傍人占家宅。坡云："今年四月十三日，当雷震堂栋，不伤人。"后果然郫断。塘有一祠，初塑神像成，乡人托以人名占之。坡曰："此人如木偶，难逃水火。"越期，果为恶少投于江，随潮上下，后复碎而煨之。金事黄誉性严重，人莫敢近。招坡筮之，坡曰："似得鬼责，公前归时失展，先大夫墓有阴谴。"黄下泪曰："然。"坡曰："明年当转。官在本省藩职。"后果然，寻卒。

明　王奇：按《江宁府志》：王奇，其先台州人。为诸生，通天文卜筮星数之学，后以事被褫，乃以术游四方。成化中，来金陵三原，王公在兵部，方为权贵所厄，属奇筮之。奇曰："公归矣，越三载其起，当铨衡乎？"已而果然。吏部欲升二御史，问其命。奇曰："命岂宜问哉？公进退人材，固有不在命者。"不对而出。刑部逸重囚，主者属奇筮之，遇恒之大过，奇曰："五为图圄，贼入矣，其焉逃之。"计其获日与时，皆不爽。陈指挥妻死，将殓，其女病，问命于奇，奇曰："女固无恙，母亦未死。后当生二子，即欲殓，其必越午。"午时，妻复生，后果生二子。王郎中应奎问命，奇曰："是火气太盛，若官之南，所至必有火灾。"后守台州，既上任，三月，郡中灾，十室九烬，王以疾去。其他奇中多类此。

按《天台县志》：王奇，字世英，性介直。初为邑庠生，不偶，去而游京师，遍历江湖，以星命占筮之术称于人，言祸福辄应，自以数奇不受室，以侄宗元为嗣，年八十而终于京师。时馆人以事坐诬系狱，奇为直之。其妻招夜饮，闭门不赴，明日徙去，人以为难。无锡邵尚书二臬司深爱重之，为志其墓。

　　明　屈亨：按《安陆府志》：屈亨，京山人，解康节梅花数。为诸生时，以此著名。正德中，山东大盗刘六、刘七、齐彦辈自北方来，已达应山，逼近县境，有就亨叩者。词毕，倚柱而立。亨曰："无忧。以人倚木，休字也。"后贼果败去。他事多类此。

　　明　汪龙：按《休宁县志》：汪龙，字潜夫，隐充人也。少颖悟，父客死，问母状，时时号泣，目遂盲。年十五，遇道人善射覆，以卜筮授潜夫。时倭患起，督府急潜夫甚，聘至中军。潜夫恻然曰："急矣，为强起。"每出兵，克时日胜败，多所赞画。顾尚书可学，以潜夫名上闻，即命有司趣入朝，尚书躬为劝驾，卒谢之。华亭徐文贞高其节五十时病剧，仲女刲股以进，寻愈。潜夫自筮其大期，更有七年。郡东鄙中倭患，是为龙蛇之岁智士死，我乃当之。竟卒。如其言。

　　明　张崟：按《杭州府志》：张崟，字景嵩，仁和人。五岁以疾丧明，十三受《易》。凡卜筮星历诸书，入耳即了大义，终身不忘。每论人禄命夭寿、穷通利钝，历有奇验，远近异之，称曰如鉴。缙绅道杭者，必造访焉。宸濠拘逆，浙镇守太监毕真谋内应，人情汹汹，方伯何天衢稽疑于崟，筮得解之象。崟敛楪贺曰："无虞也。渠魁将授首矣，何内应之有？"不旬日，江西捷音果至。武宗南巡，将及浙，有司急敛诸供方伯。徐公蓍命筮焉，得同人之离。徐曰："同人亲也，应南面急，当祗迎。"崟曰："不然，卦体属乾，西北其位也，兹应反矣。君至尊也，岂夫人可同且爻？"曰："先号咷后笑兆之矣，其在纯乾之日乎？"后悉如其言。

　　明　赵良：按《浙江通志》：赵良，宋礼部尚书赵汝谈之后，好学，游京师，士大夫多客礼之，久之知其深沉有谋，即机事亦与闻焉。嘉靖中，内阁徐与都御史邹持正议除权族，良往来二门有密语，虽至亲不得与闻者。间呼良决之。良善卜，所言悉验，于是二人重良能决疑，又厚重，可与语，欲荐用贵显之。良辞不就。以例授江南巡检，又不肯久居，曰："吾历都门，为他人谋多矣，乃不能自为谋乎?"归之日，著有《松泉诗集》，藏于家。曾孙最、昕，皆成进士。

明　程山人：按《浙江通志》：程山人，自玉泉山来，寓褚堂，精太乙六壬之术。万历辛巳，有问岁事者，山人曰："明年五福在燕，太子生建德，大将冲文昌，主将相失位，女主宠，奄官去，主水灾。"是年，生皇储，而张居正、冯保俱罢。岁又逢潦，其术悉验。后归隐，不知所终。

明　味元子：按《江南通志》：有黄冠卖卜于市，自称味元子。丹阳蒋晓从之游。

明　从任：按《江南通志》：从任，字子重，少以诸生入太学，负奇气，兼嗜异书，于太乙、奇门、遁甲、六壬皆探得其要。尝与太史焦竑同舟至浔阳，暮有傍舟相尾，知为盗也，一舟皆惧，任占之曰："漏下三刻，盗且去。"顷之，果如其占。在黄州，诸生薄试，期占者十七人，任独占方民昭、耿子健得隽是科，果登贤书。焦竑叹曰："子重之技，嵩真隗照，不能称绝矣。"

明　陈世胄：按《福建通志》：陈世胄，同安诸生，少得异人传授六壬，尤精易数，凡所占验，其中如神，预知死日，其术亦不轻传。

明　程良玉：按《杭州府志》：程良玉，字元奴，新安人。五龄以痘瞀目，父惜其慧，令习医，耳听心受，遂悉其要。十岁告父母曰：“医主望闻问切，望不能望，术讵得神？”遂去而学卜，从菭上张星元受业，尽得秘奥。然卒本于《易》，若田何、丁宽、京氏之学，莫不洞见本源。每占一卦，即爻象贞悔阴阳动静，而人之吉凶悔吝瞭然矣。其说一准于用爻，如老奴占幼主必用父母，少主占衰仆用妻财。词讼凭官后世应，寿命凭用后父母，科目先文，廷试先官，辨空破绝散之真伪，明飞伏互变之轻重。若晋外伏艮内伏乾，己酉世爻，以丙戌为飞伏；需外伏兑内伏，坤戊申世爻，以丁亥为飞伏。盖参之枯匏老人之说，一时占验，遂为星元所未及。卖卜武林，车马填接街陌。日已晡，帘犹不得下，如是二十年。性强记，曾从良玉卜者，虽十余年后，一闻其声，辄能呼其姓氏。贤士大夫争相引重，咸以为管辂、郭璞云。至四十，虑术不传，键户著书，三年《易冒》成，遂卒。

明　李星井：按《怀庆府志》：李星井，字聚东，温县人。善六壬奇门梅花诸数，为人占，往往奇中。尝卖卜河阳。一日晨起，立郭门之下，启关，而一人来，揖之曰：“我欲以有请也。”井即曰：“失驴乎？”其人愕然，井曰：“归矣，驴已系门内。”及归家，果然，则大喜，复来谢，因问：“君何以知我失驴耶？”曰：“汝问时，适有牵马驰门扇而过者，是非驴乎？”“然则何以知在门内也？”曰：“子方问而马已入门，故知之。”闻者皆大笑，其捷慧多此类。

明　柳华岳：按《苏州府志》：柳华岳，号山樵，吴县人。善卜，家贫，依姊以居。姊曰：“人生定有发迹之日，尔盍卜之？"岳曰："卜之矣，我来春正月当以此起家。"至元旦，有问卜者仓皇而来。课成，问："何事？"曰："为失物耳。"岳曰："失物当在行舟，然物犹未失也，只在舟中觅之，申酉时可得。"其人喜曰："幸如君言，当以五十金奉酬。"是晚，果于灶穴得之，其人相赠如约，自此倾动一时，而决疑奇中，多类此。

明　倪光：按《浙江通志》：倪光，字应，金鄞人。少授《易》，时时沉玩，先天辄能前知，遨游两京。一日在杨文懿所，忽中贵使至，光见一雀自庭树集于地，已复还集树，即谓使曰："汝来得非失马乎？六日当复。"使大惊，因复问马色。光曰："黄而近于黑。"皆悉验。都宪王应鹏问得庄字。光曰："《庄子》开卷说鲲化其应鹏，必九万里乎？"以杨氏甥妻之。平生不殖产，所获即散之人，日偕士大夫为社赋诗，年八十生而举殡，拟渊明自祭、杜牧志墓事。所著有《味易诗集》。

明　徐体乾：按《江南通志》：徐体乾，字六合，巢县人。精于易占，用左、邵筮法与焦延寿筮，皆相符契。并注易解，焦澹园竑为之序。

明　白鸥：按《江南通志》：白鸥，颍川卫人，质直有古侠士风，精数学，能断人生死，时刻不爽。

明　高凤：按《福建通志》：高凤，闽县人。善卜，以意推，不专《周易》。傅鼎未登第时，求占。凤曰："君第一人也。"既而果然。或问其故。凤曰："吾适剖椰子而傅君至，其象解元，故占为解元。"后闽县林士元亦举第一。先数日，有内臣欲豫知其人，书一兴字令占。凤曰："尊意得毋在兴化乎？不然也。今兴字乃从俗省书，其人在中，而八府俱下，必闽城矣。"奇中多类此。凤尝语人，卜若可信，凤直儒学吏耳，当至五品京职，不知何从得之。弘治间，召入宫占验，恩授工部郎中。

明　霍昂：按《开封府志》：霍昂，字时举，杞县人。由明经授盱眙县簿，寻弃归。好读书，精研字学，妙达卜筮之理。时大盗师尚诏寇归，声言取杞邑。令惧，召昂卜之。开柜，蓍散堕地，喜曰："卜者主也，蓍者敌也，主敌兵溃散之象。"蓍成，果吉，寇寻灭，令大奇之。又著《字学正传》一书。

明　吕申：按《畿辅通志》：吕申，字文甫，清苑人。原名牙兴，才姿雄颖，少即淹博，弱冠食饩邑，庠试辄冠。其曹督学使者姜元衡为更名申，曰岳降也。屡试不售，遂辍举子业。博求天官舆地及壬奇太乙、孤虚风角诸书，手录成卷，悉能背诵。占玩卜筮，什不失一，尤精堪舆家言。王公大人及名公卿竞延致之，岁无虚旬，动赴千里约，所至人相倾倒。为文奇肆，不屑屑绳墨。裁答启札语多古辣，为人遗书谈休咎，质奥不易解，久之乃验。从之游者，或儒或艺，无虑百十人。分其一长即可名世，远近呼为吕先生，或曰吕仙而不字。年五十五卒，闻者悼惜。所著书甚多，藏其家。

明　江晓：按《婺源县志》：江晓，字东白，旃源人。精先天易数之学，屡著奇验，卜吉凶者其门如市。

明　皇甫焯：按《苏州府志》：皇甫焯，字文含，吴江人。精史学，旁及六壬八阵。崇祯丁丑游长安，有试其术者诣邸中，叩休咎。焯袖占之曰："本日主马惊。"其人笑曰："吾此马服之二十年，骋高凌阻，如履康庄，何以泛驾为哉？"将归，谓御者曰："善控之，毋令皇甫先生笑也。"行未二里，马遇驼，骇而奔，其人愕然，服其奇中。

明　僧三休：按《湖广通志》：僧三休，常居灵岩僧室。善内外丹术，亦能诗，善卜人贵贱夭寿如响。

明　季本：按《四库·经部·易类存目一》：季本，字明德，山阴人。正德丁丑进士，官至长沙府知府。撰《易学别录》四卷，分内外二篇。外篇杂论术数之数，如《皇极经世》《易林》《京房易传》《火珠林》《太元》《潜虚》《洪范九九数》《参同契》之类，皆辨之。又发明蓍法，大旨定为占辨、占例、占戒、占断，合《卜筮论》为内篇。

明　张应斗：按《道光伊阳县志·方技》：张应斗，字昆北，廪生，家世传《易》，尤精于占。有藏金而失其地者，筮之，得乾之九四，曰："上不在天，下不在田，中不在人，必墙间隙处也。"见之果然。明末避兵叶县，授徒村舍中，流贼来去不常，其占皆不爽期，邑人视为趋避。时有贼梳兵篦之谣，附近居民，独免蹂躏，皆公之力也。

清　马进之：按《耆献类征初编》：马进之，泗泾人。[①] 精《火珠林》易理，占验每出人意表。龙华港之百步桥为湖水击圮，[②] 断石横江，水陆交阻，屡欲倡议重建，皆以经费浩繁而止。里人刘学廷，遂以桥事往问，筮得归妹之九，其爻曰："眇能视，跛能履，利幽人之贞。"马曰："眇能视，跛能履，不终废也。利幽人之贞，夷轨易遵也。卦直归妹，功其首以妇人乎？九二之爻，臣道也，亦妻道也，而位居中正，殆妇人而可专制者乎？"

---

① 泗泾，在松江县，东入上海县界。
② 圮，音否，左从戊己之己，毁也。

时问者以工巨惴惴而占,[①] 若不经意,遂笑置之。乃未几,而邑侯范廷杰,忽乘轻舸来勘形势,始知邑有周罗氏者,承其亡夫国桢志,出资三千金,牒县倡捐,[②] 遂依吴郡万年桥式,中筑石梭磴二,两岸甃石,[③] 大木亘中,鳞次铺甋,于面旁翼栏槛。始于乾隆四十五年春,越三载乃竣。于是功首妇人,竟符前筮,盖亦奇矣。

清　王有德：按清常熟王应奎《柳南随笔》：王有德,常熟人,善卜,决人祸福不爽,古之蜀庄也。少时贫甚,除夕几不能举火,谓其妇曰:"吾闻城隍神甚灵,元旦第一人入庙焚香者,必获福。我明日有此意,而无香与烛,奈何?"妇曰:"君无忧,我囊中尚有五文在,可以办此。"既寝,梦神谓曰:"尔勿患贫,庙中香炉下有钱三文,尔其往取之,衣食在是矣。"有德觉而异之,天未明,即起盥漱,急趋至城隍庙,人犹寂然也。适有卖香烛者至,即以五文买之。未几而庙门启,乃燃香烛入拜。拜既毕,因梦中神语,试从炉足觅之,果得光背钱三文。后世占者以钱代蓍,必用光背,盖命之以卜也。有德归而习之,垂帘市门,日获钱数百,遂植其产。后其孙,曰俞,中崇祯癸未科进士;而曾孙澧,与之同榜,父子连镳,邑人称为"双王"云。

清　吕宫：按《清史稿·列传》、钱仪吉《碑传集·开国宰辅》：吕宫,字长音,一字苍忱,号金门,武进人,明崇祯癸酉举乡。宫邃于易,筮得否之泰,晓然于"小往大来"之运,遂不赴公车,独深求体用经济之举。游扬州,尝晦迹谢交游,独居僧

---

① 惴,锥去声,忧惧也。
② 牒,音蝶,官,文书之一种。
③ 甃,酒去声,宥韵,井甃也。

寺。迨国朝定鼎，宫复筮《易》，遇乾九二，遂趋京师。顺治丁亥，擢一甲一名进士，授秘书院修撰，累官弘文院大学士、太子太保，康熙甲辰卒。宫立朝矜尚气节，虽持大体，不立异同，独辨流品，于前明阉党，屏之尤严。著撰甚富，授门人吴侗校理，遂失之。

清　沈祥正：按《民国海宁州志·方技》：沈祥正，海宁人，居北秩田庙，精易数，得京氏火珠林术，占判吉凶，言多奇验。同时有张惠生者，居邑之西门，术亦精。人呼两神卜。

清　陈昌泗：按吴德旋《初月楼续闻见录》：陈昌泗，字孔塘，鄞人。少即有志洛闽之学，奋然思承其绪。与宗人裕斋互相讨论，时时以正议扶末俗。家贫甚，教授所入泉粟，不足以给家人之衣食，乃以《京房易传》卖卜，巧发神中。其持论如蜀庄，必依于孝弟忠信，不徒以休咎祸福动人。兼通方书，时亦应人之求，不谋利，鹑衣藿食终其身。

清　申维清：按道光《武陟县志·方技》：申维清，字涟如，好读书，不喜为经生之学，习日者言，断人富贵穷通，多奇验。又工《火珠林》卜法，有妇人占夫病，谓当寅日死，医者曰："不然，应在一月以外。"及五日戊寅，果死。童子卜失牛，曰："在西北。"童子言："昨夜人见适东方。"曰："初适东，今在西北矣。"越二日，果从西北得之。后以家乏恒产，遍游天下，南至吴越，西穷秦蜀，遇名山水辄留，在外十七年，归家甫数月，适族人外出无耗，有人自禹州来，具言此人被禹人殴死，隐其尸，无可寻觅，维清立占之，曰："吾去，此冤可白。"当夜即行，至其境，未及一月，遂得其尸。